José Maranhão

Uma vida de coerência

CAPA E PROJETO GRÁFICO
Milton Nóbrega

EDITORAÇÃO
Allan Melo

TRATAMENTO DE IMAGENS
Hossein Albert Cortez

PESQUISA
Adriana Porpino
Dênis Rangel Gomes Machado
(in memoriam)

PRODUÇÃO
Oficina de Propaganda
propaganda.oficina@gmail.com

IMPRESSÃO
Gráfica JB ltda - João Pessoa / PB

R613j

Rodrigues, Gonzaga
    José Maranhão: uma vida de coerência /Gonzaga Rodrigues, Ângela Bezerra de
Castro. – São Paulo: Paz e Terra, 2009.
    148p.: il. (algumas color.), retrs.

    Inclui bibliografia
    ISBN 978-85-7753-106-6

    1. Maranhão, José, 1936-. 2. Políticos – Brasil – Biografia. 3. Governadores –
Paraíba – Biografia. I. Gomes, Ângela Maria de Castro, 1948-. II. Título.

09-6182   CDD: 923.28133
                                            CDU: 929:32(813.3)

EDITORA PAZ E TERRA
Rua do Triunfo, 177
Santa Ifigênia, São Paulo, SP – CEP: 01212-010
Tel.: (11) 3337-8399
e-mail: vendas@pazeterra.com.br
home page: www.pazeterra.com.br

2009
Impresso no Brasil / Printed in Brazil

José Maranhão

Uma vida de coerência

Gonzaga Rodrigues
Ângela Bezerra de Castro

PAZ E TERRA

*"José Maranhão não se revelou.
Nós já o conhecíamos. Apenas confirmou
o caráter de pessoa humana, a seriedade,
a prudência, a identificação comigo
e com o partido."*

Antônio Mariz
Na última coletiva a 21-08-1995

Sumário

Apresentação

Trajetória individual que se confunde com meio século da vida brasileira.

O presente livro, onde texto e imagens se unem para contar a história de José Targino Maranhão, o menino, o homem, o deputado, o governador, o senador, não consiste em nenhum panegírico, como se poderia pensar à primeira vista. Ao contrário, por seu caráter factual, reforçado pela iconografia, ele vem reconstituir uma trajetória individual que se confunde com meio século da vida brasileira.

De fato, embora a Paraíba seja sempre o centro de convergência da longa, profícua e coerente atividade pública de José Maranhão, o que vemos passar, quase como um filme, nesta espécie de sua fotobiografia, são cinco décadas de avanço, de recuos, de conflitos na vida política nacional, sob a égide do Getúlio democrata, seguido por Café Filho, Juscelino Kubitschek, Jânio Quadros, João Goulart, até a ruptura do estado de direito em 1964, a volta à democracia, chegando finalmente à nossa plena atualidade. E não faltam lances democráticos, muito bem reconstituídos pelo texto, no percurso desse que foi o mais jovem deputado do Brasil em sua primeira legislatura, em 1955, que veio a ser cassado em 1969, que desenhou, do PTB pelo qual entrou na política, até o PMDB de hoje, uma expressiva carreira pública.

José Maranhão, uma vida de coerência, é, portanto, pela narração de sua trajetória, pelo balanço de tantas obras de importância realizadas, pela notável documentação visual que reúne, um livro da maior relevância para quantos se interessem pela história moderna do Brasil, pela história da Paraíba, pelo extraordinário processo de desenvolvimento do Nordeste brasileiro nas últimas décadas. História, sociologia, geografia, antropologia, todas elas desfilam nessas páginas que unem inextrincavelmente a terra e o homem, como sempre deve acontecer.

Marcos Vinícius Vilaça
da Academia Brasileira de Letras

1 O MENINO, PAI DO HOMEM

"Cedo percebeu que não há felicidade pessoal tendo-se a infelicidade como vizinha".

A foto é de um adolescente ao lado de três irmãs menores. Estão bem vestidos, posando para o fotógrafo e, ainda que a família não seja arredia ao clique da máquina, o rapaz não parece à vontade.

Não se vê entre estranhos, está numa passagem do jardim da casa, entre renques de crótons e flores que disputam com eles o carinho materno, mas o olhar e o ar de reserva não são de quem se entrega fácil à indiscrição do fotógrafo. Conseguiu posar com naturalidade, a mão direita apoiada carinhosamente no ombro da irmã Carmésia, mas percebe-se um puxão precoce do homem, refreando discretamente a expansão do menino.

Seria, em seu caso, apenas a circunstância fotográfica que o impedia de ficar à vontade?

Não é fácil a quem foi criança ambientada no interior, num tempo em que a fotografia só convivia com situações ou ocasiões especiais, deixar-se ficar diante do clique com a naturalidade dos meninos de hoje, que tratam a máquina digital como um brinquedo de rotina.

Ocorre que, cinqüenta anos depois, com todo esse tempo de exposição aos olhos e expectativas do público, posando em comício, nas tribunas estaduais e federais, como governador ou como senador, subsistem os mesmos pequenos sulcos e linhas de reserva que o sol daquele dia distante veio focar no rapaz de rosto moreno e cabeleira negra e cheia. Ele se dá, ao mesmo tempo que se resguarda.

Não é outra a leitura que faz a pessoa um pouco mais atenta ao comportamento humano, diante desse outro retrato pintado por Bruno Steinback, agora em cores, vestes e atitudes de um senador da República. O ar contraído do moço em preto e branco, ao lado das irmãs meninas, prossegue na pintura a óleo, tendo como modelo o homem plenamente vitorioso na política, no governo do seu Estado, na vida que escolheu ou que o destino lhe reservou.

O menino segue sendo o pai do homem, como sugere a frase clássica de que se utilizou o grande pintor de caracteres, Machado de Assis, para um capítulo do seu "Memórias Póstumas de Brás Cubas." O José Targino Maranhão, de 14 anos, já denotava o ar de compromisso ou o peso de algum dever que o homem particular ou público viria arrostar por toda a vida e do qual nunca pôde libertar-se. Nem numa foto de calçada doméstica, nem num giro alegre de dança, como quando se dispôs a homenagear os oitenta anos de uma amiga da vida inteira, tirando-a para

Wilma, Carmésia, José Maranhão e Íris

No mesmo álbum, posando com a turma de alunos do 1º científico do Pio X, o filho de seu Beja esgueira-se a um canto, quase saindo da foto, deixando-se ficar sem qualquer atenção ou interesse pela objetiva, ao contrário dos outros trinta e tantos companheiros.

O que o retém em si mesmo numa fase da vida em que o comum, o mais natural é a franca expansão?

Numa frase a esmo, provocada por uma conversa entre amigos sobre a sua infância e adolescência, José Maranhão deixa escapar esse sedimento remoto de sua têmpera:

"Eu fui amadurecido no carbureto."

a valsa de abertura. Seria um instante descontraído de franca expansão, se as mãos dadas para a valsa não se mostrassem mais retesadas do que livremente suspensas no ar. O retrato perfeito saído do pincel de Steinback, trabalhando um modelo, um personagem que tinha tudo para ficar à vontade – intimidade e poder - não faz diferença do que amareleceu no distante álbum de família.

Aluno do Pio X, Maranhão aparece, discretamente, quase saindo da foto, o último à direita da segunda fila, como se não ligasse muito para o clique.

Interesse pelo outro

Cedo o menino foi percebendo que a vida não era somente a que corria tranqüila e confiante no âmbito de sua casa, de sua vida familiar, a vida que o afeto do lar e os haveres dos pais lhe asseguravam. Seu Beja se desdobrava no trabalho, plantava, criava, negociava, ocupando diligentemente todo o seu tempo e todos os espaços possíveis. Mas logo o menino foi compreendendo que a luta do pai, a severidade como encarava o trabalho não se concentravam apenas na perseguição à fortuna pessoal. Por mais que os negócios crescessem, a casa era sempre o mesmo chalé sem luxo da esquina, aberta aos amigos de todos os níveis, sem que nenhuma pessoa do povo se sentisse acanhada em bater palmas à sua porta.

O menino tinha de um tudo e embora se diga que, nesse estágio da psicologia infantil, o "meu" seja a expressão mais pronunciada, a reação mais freqüente - "isto é meu", "tudo é meu" - ele começou a perceber, a sentir de modo precoce que não há felicidade pessoal, tendo-se a infelicidade como vizinha.

Viu que a casa do pai, a da fazenda, a da rua, com todo aquele desvelo de D. Yayá pelos seus filhos e pelas suas flores, nunca se fechava às criaturas que a procurassem. Grandes e pequenas. Sobretudo as pequenas.

De volta da escola, correndo ansiosa para sentar à mesa do almoço, a menina de oito anos é interceptada pelo chamado do pai, pedindo que ela volte e dê a mão a todas aquelas criaturas que povoavam a sala em conversa com ele. Da memória da menina, da professora e empresária de hoje, Carmésia Maranhão Leite, jamais se apaga esse momento insculpido para toda a vida.

"Meu pai era capaz de dar a roupa do corpo para acudir a necessidade de um amigo" – repete sempre este homem que amadureceu precocemente no estudo e no trabalho e cedo teve de encarar responsabilidades, sendo a maior delas a do menino em quem o velho Beja apostava.

Não tem outra explicação este jeito naturalmente contraído do adolescente bem vestido que aparece com as irmãs no álbum de família. Ou do senador vitorioso que o quadro de Bruno Steinback torna radiante, mas sem conseguir dissimular a postura contida.

É como se, no íntimo, no recesso mais remoto da consciência, perdurasse uma obrigação indefinida e permanente. Alguma coisa em falta. Insistentemente em falta. Desde um possível quesito negligenciado no dever escolar à projeção cada vez mais multiplicada daqueles rostos carentes que iam ferir a harmonia do jardim de D. Yayá. Rostos que o adolescente veio avaliar e melhor compreender pouco depois, vendo-os sair do desemprego rural para engrossar a multidão marginalizada da cidade grande.

Num perfil escrito na antiga revista "O Cruzeiro" sobre Assis Chateaubriand, José Amádio ressalta que ele vivia todos os minutos da vida sob as suas pressões. Pressões do temperamento dionisíaco ou da imaginação sempre prodigiosa. E vivia tenso, sob o governo desses dínamos interiores. Sem limites, como o via seu amigo José Américo de Almeida: Tudo o que faz é loucura, até ser feito. Construiu a rede gigantesca de rádios e jornais para se libertar das pressões interiores."

Quadros da infância e adolescência em Araruna, cidade serrana de cujos ares Maranhão nunca se desligou. Lá continua sendo a sua morada afetiva. A casa acima, no centro da cidade, onde tomou consciência da vida do seu povo pelo modo como a gente de todas as classes era tratada pelo pai. Uma casa sem luxo. Nas fotos da seqüência: o centro, com o mercado; e a casa da fazenda, onde nasceu o futuro governador.

D. Yayá, descendente dos Targino, elite social e política enraizada em Araruna desde os primórdios do município. Mãe extremosa, preferiu sempre o recato de sua casa. A exuberância de velha parreira de muitas décadas. Capricho de D. Yayá, no aproveitamento do clima propício.

Com as naturais diferenças de caráter, de visão política e do mundo, a expressão contida e calma que nos habituamos a ver na trajetória de Maranhão é, pode-se também dizer, a de um homem sob pressões. Pressão da grande herança moral recebida, como podemos conferir na observação comum de uma carta de leitor publicada em março de 1999, no jornal O Norte:

"Com a seqüência dos anos, vi-o passar da infância para a juventude. Se sua genitora, como todas as mães, oferecia-lhe carinho e amor, o pai oferecia-lhe o exemplo de um homem responsável, dinâmico, exigente, com capacidade administrativa que ultrapassava a de muitos doutos, no seu tempo."

Não é sem motivo que, mal saído da adolescência, ainda estudante, se torna empresário "(...) seguro nos negócios, dominando a legislação comercial, particularmente no tocante às transações internacionais realizadas pela empresa, exportando fibra de sisal para a Europa", como bem lembra esse velho contador José Humberto Sobral, o leitor mencionado.

O jeito calmo, o modo pausado de agir e andar, diz um amigo mais próximo: "é um recurso estratégico para não falar nem agir antes de pensar." Ele se contém todo para não agir de forma intempestiva, ainda que a circunstância contra si possa ser armada com esse objetivo.

"Eu saí de casa com oito anos. Criança, tive de ser posto num internato. Cedo aprendi a me preservar, a me defender"- tentou explicar aos que, de olhos no quadro de Steinback, reparavam no modo contraído como aparece, segurando o livro com que posara.

As primeiras letras

O contato com as primeiras letras se deu na escola de D. Nice Nunes, na cidade. O menino saindo do sítio Jardim, a cavalo, para a sua primeira experiência com a aritmética e os exercícios de caligrafia, novidades pelas quais logo se viu fascinado. Como a grande maioria das crianças ararunenses, freqüentou, depois, o Grupo Escolar Targino Pereira, o principal núcleo do ensino primário da cidade.

Mas o que o marcou fortemente foi, antes dos dez anos, ter de ser apartado do aconchego de casa, da vida livre da fazenda, subindo em fruteiras, montando a cavalo, correndo pelas estradas, esse mundo livre da infância, para enfrentar o internato do professor Néry, no Ginásio Lins de Vasconcelos, em João Pessoa. Embora o grupo escolar representasse o que a escola pública estadual oferecesse de melhor, nas cidades do interior e na própria capital, o nível de exigência de Seu Beja, em relação à educação dos filhos, só viria contentar-se com a melhor alternativa adotada pelas famílias de posses da época, representada pelo sistema de internatos. José em João Pessoa, as meninas em Monteiro.

O internato do professor Néry não era nenhum Ateneu, a dura prisão recriada pelo romance de Raul Pompéia; era, entretanto, um forte chamamento antecipado à vida responsável e disciplinada.

Começava precocemente a convivência com o dever, um mandato paterno que precedeu a qualquer outro mandato. Dava nas vistas esse comportamento: "Aquele menino de Benjamim é um menino-homem" – era como o distinguia o olhar de Sinhozinho Bezerra, velho amigo da família.

Não foi sem motivo que o professor Néry o escolheu prefeito da turma, no internato. O menino inspirava essa confiança, mas agindo a

Em moldura antiga, na parede da sala, os retratos de Seu Beja e D. Yayá. Era um costume da maioria das famílias.

Grupo Escolar Targino Pereira, uma conquista de Araruna nos anos 30, onde Maranhão iniciou o primário.

seu modo, sem ser desleal com os colegas, nem conivente com as falhas que devia registrar.

Não fugia à ousadia, se a isso era tentado. Montara um cineminha, de cenas e figuras sem seqüência, aproveitadas de velhas fitas partidas, projetadas na parede, através de uma caixa de sapato com uma lâmpada embutida. Mas o tempo era curto para as exibições, o horário dos estudos prolongando-se até as nove da noite. Então, numa das vezes, escapou com os colegas do dormitório para improvisar uma sessão de cinema na rouparia. Ele à frente. E foram flagrados pelo diretor, que começou a entender por que, depois que fez Maranhão prefeito, o número de internos liberados para a saída do domingo passou a aumentar consideravelmente. A folga do domingo dependia do comportamento do interno durante a semana mas, com o novo prefeito, o sistema passou a ser visto de forma mais justa e companheira e não como mero servilismo.

Mas é no início da vida escolar, no convívio com o internato do Lins de Vasconcelos, que o adolescente viveu uma das circunstâncias mais reveladoras da sua personalidade.

Próximo das férias, apareceu no pátio do colégio um dos alunos externos, de sobrenome César, com uma bicicleta de fazer inveja até a gente grande. Toda equipada, guarda-lamas e cárter cromados, o brilho dos raios acendendo a cobiça do rapaz para uma coisa que ele não possuía. Teve cavalo selado para ir do sítio à escola, teve o brinquedo que a vista alcançasse, teve a terra e o céu que as propriedades do pai ofereciam, mas não tinha uma bicicleta reluzente como aquela do César.

E no primeiro encontro fez o pedido ao pai. Afinal, não lhe imporia nenhum sacrifício. Mas Beja Maranhão não iria perder uma chance dessas: "Dou a bicicleta, se você fizer dois anos num só." Era um desafio aos próprios padrões do colégio.

O rapaz aceitou e foram, pai e filho, levar a idéia à consideração do professor Néry que, sem muita relutância, aceitou-a, desde que a programação curricular dos dois anos fosse integralmente cumprida. Para isso, o aluno teve de dobrar seu tempo de salão de estudos, avançando na noite, além de suprimir horas e horas de recreio.

Ainda que a bicicleta tenha sido supervalorizada, a lição, a experiência de sua conquista, valeu bem mais que o objeto conquistado.

Era a lição de vida transmitida por Beja Maranhão: o exercício da conquista, ainda que, no mundo de possibilidades do rapaz, parecesse natural ganhar uma bicicleta.

Dessa fase da experiência escolar, não são muitas as lembranças especiais. Tinha seus destaques, notadamente em Matemática e em Ciências. Era atraído, como é natural nessa idade, pelos heróis e fatos mais interessantes que compõem o rico cenário da História. Mas foi a aventura real e ao mesmo tempo misteriosa de Saint-Exupéry, um herói desaparecido no infinito, que exerceu marcante influência na formação do rapaz. No dia-a-dia foi descobrindo especial habilidade para operar com o que se rotulava de artes mecânicas. Não viu dificuldade em improvisar um cineminha como não vê empecilho maior em consertar um avião. Parece íntimo dos segredos da máquina, tanto quanto do trato com o gado, com os negócios e com a elaboração dos seus projetos técnicos.

Ao lado dessa intimidade com o fazer prático, que veio caracterizar o empresário, o fazendeiro ou o próprio governador, revelou na infância acentuado pendor para a Matemática. Isto o levou a cogitar de cursar o ITA, Instituto Tecnológico da Aeronáutica, de um nível de exigência, nessa área, único no país. Pensou em preparar-se para ingressar no centro de estudos famoso de São José dos Campos, mas os ditames da política, como se verá mais adiante, forçaram-no a mudar de direção, a fazer Direito, uma opção tradicionalmente afinada com a política.

Não foi aluno do tipo nota 10. Com desempenho acima da média, seu destaque era outro, apesar das reservas do temperamento: a capacidade de liderar, de encontrar saída para a rotina dos estudos e brinquedos e até para os momentos mais difíceis.

Tibúrcio, cuidava da montaria do menino e o acompanhava nas primeiras cavalgadas a caminho da escola.

2 PRESENÇA NA HISTÓRIA

"A influência fundamental vem do pai, d a visão forjada na vida, na paixão pelo trabalho".

Maranhão é um nome, um tronco familiar, que participa da vida da Paraíba e do Nordeste desde a era colonial com a forte presença de Jerônimo Albuquerque, cujo sobrenome vem da terra que conquistou e governou. Logo após a expulsão dos holandeses, aparece um Albuquerque Maranhão à frente da capitania, empenhado no esforço de restauração da economia e da administração. Governa o estado de 1657 a 1663. Durante a monarquia eles constituem presença freqüente na lista de governadores, mudando de João para André, para Afonso, nomes que, com o tempo, alternam-se da crônica política para as atividades produtivas na Paraíba, em Pernambuco ou no Rio Grande do Norte.

Na Revolução de 1817, precursora no Nordeste das lutas pela Independência e pela República, comparecem vários senhores de currais e engenhos, do comércio ou da vida pública de sobrenome Maranhão, engajados nos clubes maçônicos que, sob a influência do Areópago de Itambé, idealizado e liderado pelo sábio paraibano Manuel Arruda Câmara, participavam, quando não da militância, das idéias revolucionárias. O capítulo de 1817 do livro de Irineu Pinto está pontilhado de aliados aparentados de Inácio Leopoldo de Albuquerque Maranhão.

No registro do historiador José Octávio de Arruda Mello, escrevendo para o suplemento especial, dedicado pelo centenário jornal A União à posse de Antonio Mariz e José Targino Maranhão no governo do Estado, vamos encontrar: (...) "elementos de sobrenome Maranhão, Targino e Pereira da Costa já aparecem nos fatos políticos e sociais de Araruna ao longo do Império. (...) O proprietário e negociante Targino Pereira da Costa figura entre os subscritores do documento que, em 1871, pleiteava a criação de uma vila na Freguesia de Nossa Senhora da Conceição da Povoação de Araruna, antigo Termo e Comarca de Bananeiras."

A singela relíquia da primitiva igrejinha de Santo Antônio, em redor da qual nasceu a cidade de Araruna. À direita, gravura da João Pessoa colonial vista pelo pintor holandês Franz Post, (século XVII).

É nesse clima de intensa vida política que o estudante, o pré-universitário, o jovem candidato a deputado estadual, começa a se determinar.

Beja Maranhão e o filho

Mais de um século depois, esses descendentes espalhados vão se encobrindo no tempo e no comum dos homens, para reaparecerem na Paraíba e no Rio Grande do Norte do século XX, ora participando da mudança nos pilares da economia agrícola do Estado, com a nova alternativa do sisal (caso de Beja Maranhão), ora revolucionando a educação básica de Natal (Djalma Maranhão), ora atraindo para as idéias nacionalistas os isolados contingentes interioranos de tradicional formação rural, como foi o caso de José Targino Maranhão.

Não foi por mera conveniência que o jovem José Targino Maranhão, antes de entrar na Faculdade, ao ser pressionado pela família para ingressar na militância política, veio a escolher a legenda do PTB, um partido comprometido com as conquistas sociais dos trabalhadores. Partido que pôs em prática a solução estatal para a instalação de uma grande siderurgia e a exploração do petróleo visando à auto-suficiência do país nos setores básicos.

Pesaram nessa atitude, sem dúvida, as circunstâncias políticas locais, fazendo surgir uma terceira força fora das tradicionais UDN e PSD. Eram, segundo o registro da crônica política (leia-se José Octávio), "os segmentos que emergiam com as plantações de sisal, a nova alternativa econômica. (...) E entre estes figurava o médio proprie-

tário Benjamim Maranhão que, sem tradição oligárquica começou a enriquecer em
razão da tenacidade com que se dedicava
ao plantio e comércio da fibra revolucio-
nária, além de sua dedicação à pecuária.
Quando os choques entre a Prefeitura e
Beja Maranhão se acentuaram, este incor-
porou-se ao PTB, a que fortaleceu."

O jovem José

Seria a consciência política do rapaz,
do jovem acadêmico, já influenciando nas
decisões do líder maior, da grande força
política emergente da região?

O filho de Seu Beja não seria diferente
de muitos jovens da época, movidos pela
bandeira da soberania nacional. Partici-
pante dos debates estudantis gerados nos
intervalos e recessos das aulas, nos diretó-
rios e grêmios literários do colégio, onde
nunca faltava a discussão política, dificilmente estaria imune às influências do momento mais apaixonante e mais traumático
da política brasileira. Ia completar 18 anos
quando Getúlio Vargas "salta do opróbrio
à glória." A expressão é de Darcy Ribeiro,
de quem se guarda este testemunho:

"O povo assume sua história, ocupa praças e expressa de mil modos a sua dor. (...)
Seguem- se os dias de maior ação popular
que o Brasil viveu. A oposição desapare-
ce, apavorada. Manifestações explodem
por toda parte, denunciando o governo
norte-americano como assassino e a UDN
como um corpo de agentes estrangeiros.
(...) Quando o esquife de Getúlio chega ao
Santos Dumont e o povo se defronta com
a guarda da Aeronáutica , que avança para
conduzir o caixão ao avião, explode a revol-
ta. Os populares gritam 'assassinos, assassinos'. As personalidades que seguravam as
alças, inclusive Tancredo Neves, negam-se
vigorosamente a entregar o morto. Aí então é que a soldadesca apavorada abre fogo
contra a multidão, ferindo e matando para
afastar o povo do esquife."

O ideário nacionalista, simbolizado pelo
tento maior da implantação da Petrobrás,
em 1953, instituindo o tão sonhado monopólio total da extração e parcial do refino do
petróleo, torna-se bandeira do Brasil inteiro.
Os estudantes são o contingente mais sensível, aderindo à ampla campanha popular que
mobilizou os núcleos mais politizados do
país. Como analisa Hermes Lima, uma das
grandes consciências jurídicas e políticas da
época, "emoção haveria na atitude nacionalista, porém alimentava-a sem dúvida a imagem de uma nação disposta a colocar a serviço do seu destino nacional, antes de mais
nada, seus próprios recursos. Quem haveria
de realizar esse pensamento organizador?
A iniciativa privada?" E ele mesmo responde para jovens engajados como Maranhão:
"O desenvolvimento material e econômico
do país, no sentido das mudanças estrutu-

Getúlio morto. O povo assume a sua História, ocupa as praças e expressa de mil modos a sua dor. A onda humana batendo no mar. Seguem-se os dias de maior ação popular que o Brasil viveu.

O ideário nacionalista, simbolizado pelo tento maior da implantação da Petrobrás, em 1953, instituindo o tão sonhado monopólio da extração do petróleo, torna-se bandeira das novas gerações.

Lacerda, Juscelino, Jânio, Jango, os grandes protagonistas do período mais agitado das décadas de 50/60.

rais imprescindíveis, como reforma agrária, aparelhamento de transportes, criação da indústria siderúrgica e de combustíveis etc, estava fora do alcance imediato do jogo competitivo normal das forças econômicas características do sistema de livre empresa, no mercado brasileiro."

É neste clima peculiaríssimo que o estudante, o pré-universitário, o jovem candidato a deputado, José Maranhão, começa a se determinar politicamente. E a influência não era somente política ou motivada pela força dos acontecimentos sociais. É nesse momento agitado da vida brasileira, caminhando junto com os acontecimentos políticos, que sopram, fortes, os ventos culturais. Como bem lembra o mesmo Darcy, falando pelo Senado no 20º- aniversário da morte de Jango:

"É naquele período de Jango que surge um movimento poderoso e que se estende a 1968: o movimento da bossa- nova, o movimento do cinema novo, o movimento das canções de protesto, o movimento do teatro de opinião, movimentos que empolgavam toda a juventude, ganhan-

do-a para si mesmo e para o País. Isso é o que falta hoje."

Sensível a tudo isso, o jovem estudante, que a família começou a preparar para o embate político, não encontra oposição às suas simpatias, qualquer objeção séria decorrente dos posicionamentos de Seu Beja. Ao contrário, sempre ouviu dele, na sua franqueza característica, sem meias palavras, a menção respeitosa e simpática a muitas atitudes de Getúlio, à sua capacidade de negociação, tirando partido da entrada do Brasil na guerra e na cessão de territórios brasileiros para a instalação de bases militares em troca da implantação da Companhia Siderúrgica Nacional, ventre da industrialização no país. Deve ser à conta do pai que José Maranhão sempre se refere ao governo de Getúlio como o primeiro que cuidou da agricultura do Brasil. O caudilho popularizou-se entre os proprietários de terra criando o IAA para proteger a indústria açucareira, adotando medidas para proteger o algodão da ação unilateral dos trustes Sambra e Anderson Clayton, instituindo a "lei da moratória" que anistiou antigos proprietários e usineiros encalacrados com hipotecas no Banco do Brasil.

Faculdade de Direito, trincheira avançada do movimento estudantil, onde Maranhão fez seu curso, já como deputado. Faltando poucos dias para o golpe de 64, a Faculdade foi invadida por lacerdistas furiosos que arrombaram a porta vetusta do antigo convento, à caça dos estudantes que protestavam contra a presença de Lacerda, " o Corvo", em evento político da Paraíba. À direita, a placa da turma concluinte, onde Tarcísio Burity aparece como orador.

Sempre a força
de Seu Beja

A influência fundamental começa do pai, da visão forjada na vida, na paixão pelo trabalho, no espírito de solidariedade com todos que partilhavam do esforço de transformação dos meios produtivos, no campo, ou nas cidades de sua influência.

José Octávio percebe claramente quando, ao analisar o surgimento do trabalhismo numa cidade do interior como Araruna, não identifica "tradição de oligarca" no Beja Maranhão que se desligava da facção tradicional.

Essa ruptura se dava também diante do surgimento de um novo suporte estrutural, um novo meio de vida coletivo, uma nova opção de trabalho numa região que sempre dependeu do cultivo do feijão, da monocultura da cana de açúcar, da cultura oscilante do algodão em terras de latifúndio, de uma pecuária que só rende ao vaqueiro a parte folclórica.

Beja Maranhão - O povo confiava nele como se confia num ano bom de inverno.

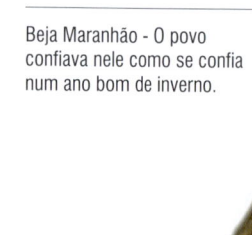

A agave, mesmo que não dividisse terras, que não mudasse estruturalmente a vida da maioria, estimulava os grandes proprietários à liberalidade. Correu dinheiro nos campos dourados que vieram tomar o lugar da cana de açúcar, sujeita sempre a crises, ou nos carrascais de grande parte do semi-árido, agora trançados de setas pontiagudas da nova planta, senhora de brejos e sertões. A Paraíba chega a ser o primeiro produtor nacional.

Numa ampla reportagem editada em livro, *A civilização dourada*, o repórter José Leal, de *O Cruzeiro*, com fotos de Rafael Mororó, descreve os anos 40 como "o início de uma nova era. Em lugar do cavalo, viam-se agora o jipe e o caminhão, rasgando estradas particulares. As choças de palhas, onde moravam os trabalhadores dos engenhos, foram destruídas e, em seu lugar, ergueram-se casas decentes, cobertas de telha. O dinheiro corria como as águas dos rios correm para o mar. A planta era colhida, entrava nas máquinas e surgia a fibra cor de ouro, lourinha, dourada. Com ela nasceu também uma nova civilização na Paraíba: a civilização dourada, representada pelos que nasceram com o advento do sisal."

Benjamim Gomes Maranhão emergiu dessa força da terra, formando entre os vanguardeiros do plantio e da exportação, ajudando agricultores tradicionais a colocarem as suas terras e os braços cativos das velhas lavouras a serviço da fibra redentora. Sua ação não se restringe aos limites das suas terras e do seu escritório; articula e lidera produtores a superar as crises e manobras do

mercado provocadas pelos compradores internacionais. Sempre encabeçou o bom combate pela região.

Em quem se podia confiar

A casa de Seu Beja sempre foi a casa de todos, principalmente dos que aprenderam a confiar na ação espontânea, firme e franca do seu dono. Grandes ou pequenos.

Foi essa, como já se viu, a impressão mais forte e direta na sensibilidade do rapaz. Batendo para toda vida, como ele viu bater à porta de casa, já de noite, a família recolhida , alguém que chamava lá fora por Seu Beja, um velho compadre. O menino foi acordado pela chegada imprevista e ansiosa e ouviu toda a conversa:

"Compadre, estou desesperado, o banco vai executar a minha dívida e vou perder a propriedade."

Era muita confiança. Ou muito despero. Acordar o compadre, alta noite, para dividir com ele uma notícia dessas!

- E de quanto você imagina precisar, compadre?

- De cem contos de réis, de cem mil cruzeiros.

Deu-se uma longa pausa na conversa, longa e perturbadora, e ouviu-se novamente a voz do compadre, entre abafada e nervosa, comentando o prejuízo, a desgraça que a ação do banco representava para ele e a sua família: "Perco por cem contos uma propriedade que vale o dobro ou o triplo. É o meu fim."

Não, não será o seu fim – reagiu Beja Maranhão. Eu não disponho desse dinheiro. Estamos na colheita e tudo que temos, agave, feijão, está abarrotado nos armazéns. Arranje transporte, tire daqui o que puder e faça o dinheiro.

E assim foi feito. Era o comportamento que a consciência do rapaz, cedo, nos seus dez anos, começava a incorporar. Sem falar na discreta rotina das pequenas necessidades, pequenas e contínuas, tão integradas aos ares da casa quanto as flores do jardim de D. Yayá.

O pai era um homem com quem sempre se podia contar. Em horas difíceis ou em circunstâncias familiares. Em situações como a do compadre, quando corria perigo o patrimônio, ou noutra que exigisse presença corajosa e decidida. Sua solidariedade não media dificuldades nem temia riscos.

Nem por isso os seus investimentos e negócios deixaram de prosperar. Adalberto Targino, advogado e publicista da terra, descreve-o como administrador de vanguarda. "Um predestinado ao trabalho, intuitivo nos seus arrojos, plantando árvores, semeando amigos, arregimentando uma multidão leal de discípulos, afilhados, compadres, seguidores que se estendiam de Araruna a Ca-

Hospital e Maternidade Maria Julia Maranhão, construída por iniciativa de Beja Maranhão e mantida até hoje; a filha Wilma Maranhão à frente.

Cacimba de Dentro, antigo distrito de Araruna, que teve em Benjamim Maranhão um forte aliado para a emancipação e os primeiros e decisivos passos como município.

cimba de Dentro, com presença influente em João Pessoa, Campina Grande, Cuité, Bananeiras, Guarabira e outras cidades da região brejeira."

Prefeito de Cacimba de Dentro, doa ao município a casa que vai servir de sede à Prefeitura. A Prefeitura de Cacimba de Dentro talvez fosse a única da Paraíba que não tivesse um transporte para os seus serviços. O transporte era o dele, Benjamim, um jipe Toyota, para o qual não admitia que a Prefeitura destinasse um centavo como despesa de combustível e manutenção. Constrói em Araruna, com seus recursos e a parceria da comunidade, através de sociedade mantenedora, o Hospital e Maternidade Maria Júlia Maranhão, orçado em 1 milhão e 800 mil cruzeiros. "Iniciativa feliz" na expressão de um homem de outro partido, o deputado Clóvis Bezerra, vinda à luz num debate em que ele questionava, em aparte a José Maranhão, a forma como o governo destinara recursos à entidade.

É mais uma vez o registro do historiador que faz realçar as dimensões dessa vitória da liderança de Benjamim Maranhão: "Como resultado, dominando a Prefeitura, com um deputado na Assembléia, maioria na Câmara de Vereadores, articulado com a vice-presidência da República (Jango) e em aliança com o governo do Estado e Presidência da República, os Targino Maranhão revelavam-se o mais sólido agrupamento político-partidário de Araruna, que passaram a dominar. A oligarquia udenotargineana fôra desbancada" – é a linguagem de um estudioso atento aos meandros da vida política.

Pôde influir nos influentes

"Teve uma influência muito grande na minha vida o espírito público do velho Benjamim. A sua capacidade de dividir e dividir-se" – volta a confessar o filho, rememorando a forte presença desse condutor de frentes e ações, cujo discurso mais convincente era o exemplo do destemor e da confiança que inspirava. Homem sem estudos formais, a bem dizer sem escola, ele podia influir nos influentes, nos companheiros da mesma posição econômica e social que careciam de sua voz, de sua experiência de vida e de trato com os homens, para as suas decisões. Foi assim que se impôs, excepcionalmente, até na decisão de um grande líder, como Argemiro de Figueiredo.

Ao ser traído pela UDN de João Agripino, Argemiro ingressou no PTB, partido que nada tinha a ver com seu pensamento político, a instâncias de amigos entre os quais pontificava Beja Maranhão. Há um momento em que o entrevistado revive esse fato: "Eu, meu pai, o pai de José Braz do Rego e Jacob Frantz fizemos um movimento e conseguimos trazer Argemiro para o PTB. Não íamos analisar a posição ideológica de Argemiro, éramos um partido pequeno, queríamos o seu crescimento e não iríamos discutir posições."

O PTB nacional não assimilou bem sua entrada, mas ele terminou líder de João Goulart no Senado.

"E quando João Goulart partia para o exílio – lembra bem Maranhão – ele foi a única voz que se levantou para defender o político, o homem de bem, o homem honesto que foi Goulart. Foi uma defesa heróica."

De fato. Sem o mínimo de liberdade, as ruas militarmente ocupadas, todo o poder com os tanques, fazer o elogio do presidente proscrito era a força moral da lealdade num ato de suprema coragem. Tiremos por esse pequeno trecho do discurso no Senado, oito dias depois do golpe de 64:

"Agora, quando o vejo abrigar-se sob o pálio de uma nação estrangeira, longe da pátria, desejo servi-lo. Servi-lo com serenidade, com justiça. Servi-lo tentando restabelecer a verdade, ora distorcida, agravada, no rolo compressor da incompreensão, da represália e da vingança. Servi-lo prosseguindo sua luta pelas reformas de base modeladas pelo bom senso e pelo patriotismo. (...) Reformas que extingam os privilégios injustos e venham arrancar da fome e da miséria os milhões de brasileiros que lutam nas cidades e nos campos. E tudo sem a luta violenta de classes. Sem o espírito deletério da subversão."

Argemiro, de boa fé, acreditava ser possível uma reforma estrutural, reforma de base como se dizia, sem conflito de classes. Como se os proprietários das grandes extensões admitissem abrir mão de seus latifúndios e de seus privilégios...

Mas retomemos o papel de Seu Beja na articulação política. Ele participava, quando não liderava mesmo essas iniciativas de bastidores. E muitas outras de cunho popular. Era sempre cercado, abordado onde quer que chegasse. Em João Pessoa, no escritório da 5 de agosto e da praça Antenor Navarro ou nos cafés do Ponto de Cem Réis, o jornal falado da Paraíba.

Comício em Araruna pela candidatura de Argemiro de Figueiredo ao governo do estado, em 1950. O jovem José Maranhão, então com quatorze anos, não tinha subido ainda à primeira fila do palanque. Da esquerda para a direita, Celso Novais, Fernando Nóbrega, Ângela Bezerra de Castro, menina, Pereira Lira e Argemiro de Figueiredo. A flor amarela na lapela, representando a cor símbolo da campanha.

3 INTERCEPTADO PELA POLÍTICA

"O que eu queria ser mesmo era engenheiro aeronáutico".

Foi uma decisão a que não pude fugir. Eu tinha uma profunda admiração pelos homens públicos, pela vida pública, mas não tinha vontade de ser político. O que eu queria ser mesmo era engenheiro aeronáutico. Estava preparado para o vestibular no Instituto Tecnológico da Aeronáutica, o ITA. – recorda o político da vida inteira, entrevistado no terraço de sua casa, no Altiplano, em meio ao assédio dos amigos e aliados.

Acabara de vir de Brasília, como faz em todos os fins de semana, para dividir a folga com os filhos e com a esposa, desembargadora Fátima Bezerra Cavalcanti. Mas não consegue abstrair-se dos compromissos com o Senado ou com a política. Como se não pudesse fugir de si mesmo.

Seus olhos aguçados acompanham a conversa dos interlocutores, erguendo as sobrancelhas para cada chamada do telefone, da campainha lá fora, por mais que disponha de pessoas nesse atendimento. Está com a palavra, concentrado no seu discurso, no seu pensamento, numa abstração fiel ao tema que vem tratando.

Como é a vida... Não pensava em ser político e não pôde fugir à política. Falava no grande desejo de ser aviador. Mais do que desejo de um moço, de um homem: a paixão de um determinado momento da aventura humana expressa em olhos como os dele, erguidos para o céu.

O menino de Araruna, onde o avião desceu quase sem campo para socorrer uma vida em perigo - toda a cidade correndo para entrar no ventre do pássaro – o menino contagiou-se dessa influência, por mais retraído que parecesse.

"É possível que houvesse me ajudado nesse sonho, além da circunstância de ter um tio aviador - uma figura simpática, envolvente, que foi até prefeito de Araruna - a minha passagem pelos livros de Saint-Exupéry. Ninguém atravessa imune as lições de vida, a experiência humana de um poeta, filósofo e homem de ação como ele, ainda mais transformado em mito, desaparecido misteriosamente em missão de guerra."

O sonho de voar encontrou, no desaparecimento misterioso de Exupéry, mais encantamento do que mesmo um final, uma motivação que lhe excitou a imaginação, fazendo-o sentir-se atraído por uma força imponderável e misteriosa.

O destino?

"A verdade é que esse desejo, para mim, nunca perdeu o sentido. Por mais rotineiro que me seja, o uso do avião é sempre um sonho novo."

São digressões que o senador vai fazendo a amigos que lhe são próximos, um deles contemporâneo de sua estréia na Assembléia, em 1955, quando surgiu deputado com mais idade do que tinha , por instâncias da família e do grupo político a ela vinculado.

"Minha família era eminentemente política e eu vivia nesse ambiente, particularmente empolgado pelas idéias do nacionalismo triunfante que extrapolavam os limites de uma cidade como Araruna."

Nesse condicionamento determinado pela política, ainda tentaram alimentar o sonho de aviador do rapaz que vivia rondando os teco-tecos do aeroclube e conquistando a amizade dos velhos pilotos e instrutores: "Primeiro, a candidatura, a situação atual. Depois, sua ida para o ITA. Há muito tempo ainda para isso."

E deu nessa situação reproduzida pelo registro histórico:

" ... a mais importante das disputas (no jogo oligarquia udenista versus trabalhismo emergente) travou-se para a Assembléia Legislativa em face da qual Benjamim Maranhão retirou a candidatura em favor do filho José Maranhão (...) Contra este, José Targino mobilizou o genro, Celso Novais. (...) A derrota deste praticamente sepultou a poderosa UDN ararunense. (...) O jovem José Maranhão não só obtinha 2.855 votos no município que, então, englobava, além da sede, os distritos de Riachão, Tacima e Cacimba de Dentro, como se elegia deputado estadual, pelo PTB, com 3.l53 votos, ao lado de Eduardo Ferreira, de Rio Tinto, e Antonio Montenegro de Piancó."

Começava aí uma carreira, onde nunca se sabe quando impera o destino ou a ação voluntariosa do próprio homem. Ou os dois juntos.

Uma estréia de veterano

A 1º de fevereiro de 1955, José Targino Maranhão, com 18 anos de idade, "como um príncipe regente" na expressão bem humorada do jornalista e escritor Sebastião Néri, tomava posse na Assembléia Legislativa da Paraíba. Era o mais jovem deputado do Brasil, ainda secundarista do colégio marista, vindo integrar uma instância de poder em que o corpo de idéias, com algumas exceções, era muito mais velho do que o mais provecto dos seus membros.

As cúpulas de poder da Paraíba haviam entrado em conciliação. O governador José Américo conseguira apaziguar as lideranças dos dois principais partidos, a UDN e o PSD, em torno de um candidato único, o usineiro Flávio Ribeiro Coutinho, cabeça do patriciado agro-industrial. O governador, que dividira o tempo do mandato com o Ministério da Viação, (de 1953 até a

morte de Getúlio) imaginava assentar um clima de harmonia que permitisse a continuação de sua obra e, quem sabe, o vicejo de flores no caminho de sua futura volta ao Senado.

No plano nacional, a idéia era, igualmente, de conciliação. Só que a serviço do que havia de mais conservador na política do Brasil. Golpeada pelo suicídio de Getúlio, a UDN de Lacerda e o PSD de Etelvino Lins propunham um candidato de conciliação para torpedear a candidatura do governador de Minas, Juscelino Kubitschek, que viria ter como aliado, na vice, o ex-ministro do Trabalho, João Goulart. O mesmo golpe que a UDN armara contra Getúlio, terminando por convertê-lo de bandido em herói, articulava, agora, abertamente, contra a candidatura Kubitschek – Goulart.

No dia em que Maranhão toma posse na Assembléia, Lacerda, o general Dutra e Etelvino Lins estão ocupando as manchetes dos jornais para sugerir o nome do senador Nereu Ramos como candidato de união nacional. Prepara-se um manifesto nesse sentido. Eram as forças conservadoras determinadas a deter o avanço daquela dupla fortemente popular e simpática a todas as forças do esquerdismo.

E a nossa Assembléia, independente de partidos, não se coloca muito diferente desse posicionamento reacionário. Noventa por cento da representação é de proprietários de terras, quando não liderados pela usina da UDN, liderados pela usina do PSD. São poucos, muito poucos, os que começam a ter uma preocupação ou uma visão política diferente, mais social, mais voltada para as questões básicas como o uso da terra.

A Liga Camponesa do Engenho Galiléia, em Pernambuco, ainda não causava grande preocupação a essas lideranças. Já havia chegado a Santa Rita, a Sapé, mas ainda não conseguira entoar o coro geral da "multidão molambenta" que veio se formar com a proliferação de associações camponesas e ligas dos anos seguintes. Estava longe, ainda, do clima de conflagração de 1960/62.

As idéias e pregações que o filho de Seu Beja via surtir no grêmio, na associação estudantil, nos livrinhos de conteúdo reformista ou mesmo nas ruas repercutiam pouco ou quase nada no plenário de debates em que ele acabava de ingressar.

Filho de proprietário de terras com forte atuação na agricultura, na pecuária e no comércio de exportação, ele não se sentia aliado da elite que dominava as bancadas. A não ser, quando se discutiam preços mínimos para a agave ou para o algodão, iniciativas do interesse de todos.

Firmeza e autoconfiança

O que chama a atenção nesses primeiros momentos de vida parlamentar do jovem representante de Araruna, lançado no meio de homens experientes, alguns deixando transparecer os fumos de sua fama nas campanhas de 1947 e 1950, é verificar

que esse ambiente e essas presenças não o intimidaram. O jeito contraído e resguardado que fomos surpreender nas fotos do colegial não amarrou os passos e a iniciativa do estreante na Assembléia.

Nas primeiras aparições, reclamando da precariedade do porto de Cabedelo, da cobrança do imposto territorial a pequenas propriedades isentas por lei, na luta por verbas para associações de proteção

Campanha Juscelino-Jango, vitoriosos em 1955 contra o clima de conspiração raivosa da UDN. O jornal de Lacerda não esconde a trama: "JK e Jango não podem tomar posse."

Maranhão, Oscar de Castro, Miranda Freire, Severino Ramos, Tercílio Cruz, entre outros.

à infância ou para a construção da maternidade Maria Júlia Maranhão, ocupa a tribuna com firmeza. Censura o governo de José Américo que tenta impedir por decreto o êxodo do campo e, ao mesmo tempo, trangise com a cobrança indevida de um imposto territorial, do qual as propriedades com menos de vinte hectares estavam isentas. "Gente vendendo a cabra que alimenta os filhos para satisfazer a ganância fiscal desumana." É o seu protesto.

Caem-lhe em cima as vozes mais prestigiadas, mais experientes, sem arrefecer-lhe o argumento, que não se propaga, entre as bancadas e galerias, tão contagiante quanto o de um Pedro Gondim ou tão eloqüente como o de um Sílvio Porto, mas que surpreendeu pela convicção, pela segurança, um discurso bem articulado e sobretudo objetivo.

Nos debates sobre o comprometimento das exportações de agave, a queda de preço do produto e a crise geral que se abate sobre a economia sisaleira, o jovem Maranhão e o veterano Pedro Gondim sustentam pontos e motivos discordantes. Maranhão, que trata direto com a exportação, se queixa do rigor de uma dupla fiscalização (a federal e a do DCPAP) somado às manobras inescrupulosas dos importadores, enquanto Pedro Gondim se apega, apenas, à falta de qualidade de grande volume das remessas, em que não estariam isentos os exportadores. O jovem deputado antevia o abandono crescente da cultura, arrasando toda uma economia, por conta do desestímulo provocado por medidas irreais adotadas em nome da qualidade, mas, na realidade, impondo uma pureza a que as condições de produção não podiam atender. Diferen-

O jovem deputado falando ao seu povo na inauguração da Maternidade Maria Julia Maranhão, em Araruna. Entre as presenças mais prestigiosas, o senador Rui Carneiro.

Silvio Pélico Porto. Uma das mais combativas vozes da Assembléia. Cassado pelo Regime Militar, veio depois assumir o cargo de Desembargador do Tribunal de Justiça do Estado da Paraíba.

te do sisal cultivado pelos grandes latifúndios da África do Sul – sustentava – com grandes e modernos equipamentos, a produção brasileira, principalmente a nordestina, é tocada por pequenos proprietários, por donos de roçados, com desfibradoras rudimentares, uma pequena guilhotina à sombra de uma árvore no campo. As fibras são desiguais.

Estranha que Araruna e Caiçara não apareçam contempladas pelo programa de

Josué de Castro influiu fortemente nas idéias do Brasil, particularmente do Nordeste, na sua batalha contra a fome.

eletrificação da Codebro , sob o argumento dos custos da distância e sugere que o problema seja equacionado mudando-se a implantação da estação abaixadora para Solânea. Em debates anteriores, enfrentando divergências com Pedro, Clóvis, Humberto Lucena, Ávila Lins, agora reúne o apoio geral. Sua proposta, sugerindo a mudança de direção da rede de Paulo Afonso, levada pela Codebro a municípios que o projeto original não contemplara, repercute fora e dentro da Assembléia.

Sua participação nos debates e na ordem do dia não é menos assídua que a dos seus pares mais atuantes. Invariavelmente voltada para questões práticas, providências reclamadas no trato da agricultura que requer a ação do Fomento Agrícola; interferências em favor do pequeno criador que aguarda a torta, o farelo; ou da comunidade distante, isolada, que exige saúde, escola. Não en-

tende por que o governo federal concentra todo o empenho numa política de incentivos à indústria, deixando a agricultura à mercê da seca, do latifúndio e dos rigores da tributação ou dos serviços restritivos de classificação dos produtos agropecuários.

Mantém-se atento aos movimentos de consciência nacionalista e de reformas sociais que se estruturam através de lideranças como a de Miguel Arraes, em Recife, ou da Frente Parlamentar Nacionalista, saída do Congresso com nomes como o de Josué de Castro, que se faz escritor e grande combatente na luta contra a fome, repetindo a mesma estratégia de Lobato na luta em favor da exploração do petróleo brasileiro. Posição encarada com ceticismo ou indiferença pelos que compõem os quadros políticos reacionários, como a maioria do plenário da Assembléia.

Na sua segunda legislatura (1959/1963), quando teve de deixar o PTB para ingressar no PSP, já integrava um grupo com idéias acima das conveniências estritamente partidárias. José Targino Maranhão, Mário Silveira, Jacob Frantz, aos quais vieram aliar-se, depois, alguns outros, formavam um grupo de vanguarda no acompanhamento das questões nacionais radicalizadas entre o entreguismo de Lacerda, do Ibade e a frente dos nacionalistas, com núcleos parlamentares em todo o país.

O impacto dos acontecimentos

O período que corresponde à segunda legislatura foi rico de acontecimentos no País e no Nordeste, a começar pela criação do Codeno, depois Sudene, que envolveu e empolgou todas as consciências políticas e culturais, desde as associações estudantis à Universidade. Nasce uma nova elite, a dos técnicos, com influência em todos os setores da vida dinâmica. No campo, liderado por uma corrente nova de origem urbana, propaga-se a revolução social, os trabalhadores rurais analfabetos, sem terra e sem teto, gritando contra o latifúndio nos comícios concentrados principalmente na região do açúcar.

No plano estadual, a corrida política se precipita: doente, o governador da conciliação, dr. Flávio Ribeiro, entra de licença para tratamento de saúde e cede lugar ao substituto, o deputado Pedro Gondim. A conciliação já vinha naufragando havia mais de ano. O próprio vice-governador batendo em cima do jogo do bicho e de outras falhas ou vícios do ex-aliado, na tribuna da Assembléia. Na madrugada da transição, prepostos do novo governador invadem o jornal oficial para impedir o "inventário", a publicação de atos oficiais do governador que se afastava. Suspensos numa hora, os atos são mantidos na hora seguinte, quando um grupo fiel ao velho Flávio (João Agripino, Luiz Bronzeado e Joacil Pereira) resolve intervir diretamente, perpetrando nova invasão para manter a publicação dos atos, ficando em vigilância até a impressão do último exemplar do Diário, ao raiar da manhã seguinte (4/1/58).

A 1º de março de 60, com o agravamento da doença de Flávio Ribeiro, Pedro Gon-

Flávio Ribeiro Coutinho se licencia cedendo lugar a Pedro Gondim.

dim renuncia, passando o governo a José Fernandes de Lima, presidente da Assembléia. Pedro pretendia e confiava ser o candidato do PSD nas eleições de 1960. Fizera um governo dinâmico, com forte presença em todos os municípios, principalmente na capital, e contava com o reconhecimento do seu partido. Renunciou para não sofrer inelegibilidade, caso se efetivasse no cargo em conseqüência da morte do titular.

Entre os escolhidos por José Fernandes para compor o seu governo está, na Secretaria de Agricultura, José Maranhão, que não era do PSD, partido que ele via na mesma linha conservadora da UDN, mas com militantes, a exemplo de José Fernandes de Lima, cuja postura moral admirava e com quem se identificava.

Foi um momento em que somente o acontecimento político teve visibilidade. Nenhuma medida ou realização das muitas reclamadas pelo deputado, que viessem a ser incrementadas pelo secretário, nesse curto período, teria relevo. As forças se extremaram e a imagem do governo, das instituições, tudo isto sucumbiu ao calor da campanha de 1960.

Pedro Gondim se elege de forma entusiástica, passa a reinar no Estado. Dá sustentação aos êxitos de imagem conquistados na interinidade com programas de melhoria da infra-estrutura urbana, implantação dos distritos industriais, ampliação da rede escolar, criação de dezenas de municípios, iniciativas culturais, grande programa de habitação, além de uma política de valorização do servidor.

A opinião pública só era desviada para o grande teatro que se abria no cenário nacional, com a eleição de Jango na chapa de Jânio, a dupla Jan-Jan; com os sete meses surpreendentes de Jânio Quadros, através de seus 1.534 bilhetinhos. Um governo até certo ponto severo, majestático e contraditório que se esborracha no primeiro porre mal tomado.

O Brasil pára estarrecido diante da renúncia, vindo a recobrar o sangue, o calor cívico diante do tranco militar, que queria impedir, com a UDN, o Ibade e a direita extremada, a posse do vice-presidente. Prendem o general Lott e ameaçam derrubar o avião que trazia Jango da China.

Não dá para desviar as vistas: Brizola assume a resistência no Palácio Piratini, chama o Brasil para a "Campanha da Legalidade", a tal ponto que um alto-falante da rádio Guaíra é instalado na fachada da API, na longínqua João Pessoa, habilitando Adalberto Barreto e outros companheiros a virarem caça invariável, sempre que a polícia política era embalada para prender jornalistas.

Onde está o deputado e ex-secretário de estado José Targino Maranhão?

Está com o Brasil inteiro, vivendo um dos momentos políticos de maior participação popular da História.

Por todo o País rebentam movimentos de massa, exigindo do Congresso medidas constitucionais e legais para a reforma agrária, reforma urbana, reforma educacional (que amplie a rede pública, matriculando todas as crianças), reforma tributária, reforma universitária. Surge a Frente de Mobilização Popular, um passo avançado da Frente Parlamentar Nacionalista, que tinha seu núcleo na Assembléia Legislativa. José Maranhão entre eles.

Todo o Brasil olhava para cima e a Paraíba não seria exceção. Fora das reformas, da literatura sobre a Revolução Brasileira (Caio Prado Júnior, Moniz Bandeira, Wanderley Guilherme), do êxito mundial do filme de Anselmo Duarte, O Pagador de Promessas, da mobilização das Ligas Camponesas, o que chamava o interesse do Brasil era a luta de outro Maranhão, o prefeito Djalma, de Natal, despertando consciências, sob a inspiração de Paulo Freire, com a campanha de seu governo "De pés no chão também se aprende a ler".

Integrando comissão de deputados em visita ao governador Pedro Gondim e compondo mesa diretora da Assembléia Legislativa, ao lado de Francisco Souto, José Teotônio, José Fernandes de Lima, Ávila Lins e Inácio Feitosa.

4 A MESA DA ASSEMBLÉIA

Recusa conchavo: o que estava em jogo, para ele, não era a mesa, mas uma idéia.

É nesse cenário de empolgação nacional que Maranhão volta à Assembléia para uma nova legislatura (a terceira), desta vez retomando os quadros do seu primitivo partido, o PTB.

Não encontra uma Assembléia dócil, como sempre, às conveniências do Executivo, com a sua mesa diretora escolhida mais pelo Palácio do que pela própria Casa.

Sente o inconformismo de um grupo expressivo de colegas do seu partido, do Partido Socialista, liderado por Assis Lemos, e de elementos do PSD, que faziam oposição ao governo de Pedro. E decidem enfrentar a eleição da mesa, José Targino Maranhão encabeçando a chapa rebelde contra o esquema governista, que marcha com Clóvis Bezerra. O resultado é uma dura surpresa para os aliados do Palácio.

Maranhão obteve 20 votos e Clóvis 19. Mas os juristas da situação alegaram que Maranhão não conseguira a maioria absoluta, que para eles seria de 21 votos, levando em conta os quarenta da legislatura e não os 39 do quorum. E requerem um segundo escrutínio.

A Memória da Assembléia Legislativa, desprezando detalhes e mesmo o episódio da retirada dos partidários de Maranhão

Ainda jovem ganhou a confiança dos seus pares, liderando as bancadas de oposição na disputa pela mesa da Assembléia. Concorreu com Clóvis Bezerra, candidato oficial.

para constituírem uma outra Assembléia, assim registra esse raro movimento de rebeldia efetiva do legislativo paraibano aos ditames do Executivo:

"A eleição dessa Mesa foi uma das mais agitadas de toda a história do nosso legislativo." E narra:

"Com a posse dos novos deputados, a 2 de fevereiro de 1963, realizou-se o pleito para a escolha dos membros da Mesa, em clima de nervosismo e intensa agitação política, face à disputa entre as chapas organizadas pelo PSD e a UDN. Procedida a apuração, verificou-se o seguinte resultado: Deputado José Targino Maranhão, vinte votos, e Deputado Clóvis Bezerra Cavalcanti, dezenove votos. A bancada udenista requereu à Presidência que mandasse realizar segundo escrutínio em virtude do Deputado José Targino Maranhão não ter alcançado a maioria absoluta. A Presidência, ao acolher o requerimento dos udenistas, determinou que se procedesse à nova eleição, o que não se realizou de imediato, em virtude do tumulto gerado por novo requerimento da UDN que pediu a suspensão da sessão por quatro horas. Apesar dos protestos das bancadas do PSD e PTB, a Presidência deferiu mais esse requerimento da bancada udenista que procurava ganhar tempo para conseguir a presença do quadragésimo deputado, que seria mais um voto a somar aos dezenove dados ao Deputado Clóvis Bezerra. O empate era o triunfo udenista por terem apresentado um candidato mais idoso."

"Pessedistas e petebistas, inconformados com a decisão da Presidência, resolveram proclamar eleito o seu candidato – Deputado José Targino Maranhão e, ao se retirarem do recinto, promoveram uma passeata em comemoração. A ausência dos deputados da oposição provocou um sério impasse, com a sucessiva falta de quorum às sessões convocadas para o segundo escrutínio. A diáspora ganhou repercussão nacional, tendo o Ministério da Justiça enviado emissário à Paraíba na tentativa de resolver o impasse. Continuou, porém, a falta de número e só a 22 de fevereiro, com a presença de um deputado socialista em plenário, foi possível a realização de um segundo escrutínio, com a vitória do deputado Clóvis Bezerra Cavalcanti por dezenove votos."

No livro de Assis Lemos, NORDESTE, o Vietnã que não houve, essa eleição é registrada como episódio de vulto da nova consciência política da Paraíba. O espírito das reformas, sobretudo a alternativa da reforma agrária, não se limitava à militância das esquerdas ou a núcleos de pensamento mais avançado como as Ligas, a UNE e os sindicatos. José Targino Maranhão, filho de proprietário, pecuarista, político de base rural, não apenas formava ao lado, como oferecia seu nome para dirigir uma mesa independente, mais sensível aos problemas que se manifestavam abertamente nos campos e nas ruas. Não o seduzia pertencer às velhas classes dominantes.

Assis Lemos faz um relato mais vivo e circunstanciado dessa eleição e das manobras desenvolvidas em todas as esferas de poder para que as esquerdas e seus aliados não tornassem factíveis, com esse exemplo, as possibilidade de derrota das forças tradicionais.

Acompanhemos o relato desse ativo articulador de forças e líder corajoso: "Enquanto se discutia a validade ou não da vitória de José Maranhão, o Governador Pedro Gondim que apoiava o candidato da coligação UDN-PDC-PL-PR conseguiu evitar que Wilson Braga assumisse seu mandato. Braga equilibrava-se entre o apoio ao Governo e a fidelidade ao seu partido, o PSB. Procurei Lúcia Braga, esposa do deputado, que interferiu junto ao esposo para que o mesmo asumisse e votasse nos candidatos do seu partido. Mas o Governador Gondim deu o troco: "conquistou" o apoio do deputado Inácio Pedrosa, do PSD. A coligação que apoiava Maranhão decidiu que ele e eu fôssemos ao Rio de Janeiro solicitar ao Presidente João Goulart sua interferência para que o deputado Antônio Montenegro, do PTB, que apoiava Clovis Bezerra contra o candidato do seu partido, alterasse sua posição. Viajamos no dia 12 de fevereiro.

"O deputado Montenegro alegava em defesa da sua posição, que seu parente Elzir Matos ocupava a Secretaria da Agricultura e que seu voto no candidato apoiado pelo Governador era a garantia de sua permanência naquela Pasta. Nosso argumento era que o irmão dele, Salviano Leite, era também diretor da Caixa Econômica Federal do Governo João Goulart. Jango chamou Salviano e o "convenceu" a falar com Montenegro, tendo este acatado

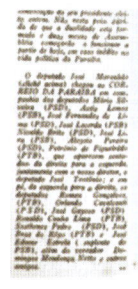

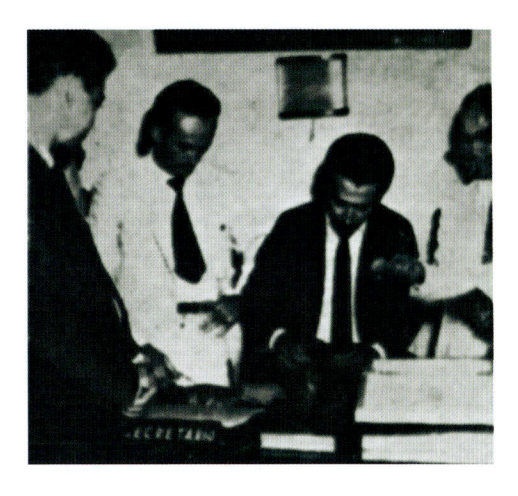

Flagrante jornalístico da eleição da mesa (fevereiro de 1963): Maranhão surpreende ganhando por um voto. Os perdedores alegam que não houve maioria absoluta, relegando o quorum e apelando para o número de cadeiras. Requerem novo escrutínio. Foi a mais agitada das eleições da Assembléia.

o "pedido" do irmão, passando a apoiar a candidatura de José Maranhão.

Com os votos de Wilson Braga e Antônio Montenegro a vitória parecia assegurada, mas novamente o Governador Pedro Gondim entrou em ação, conseguindo o apoio do deputado Amélio Leite para Clóvis.

"Na nossa ausência, minha e de Maranhão, os deputados que apoiavam nossas candidaturas garantiram a falta de quorum para a nova votação, deixando de comparecer às sessões.

"Somente no dia 22 de fevereiro, vinte dias após a abertura dos trabalhos, houve quorum. O suplente do PSB, José Edmur Estrela, que assumiu na vaga de Otacílio Jurema, em licença, compareceu à sessão, garantindo o quorum necessário. Os deputados da nossa coligação não compareceram, mas a presença de Edmur Estrela foi suficiente. Clóvis

Bezerra obteve 19 votos e houve uma abstenção."

O que nenhum dos dois relatos registra é a recusa de Maranhão, logo depois de proclamado o resultado do primeiro escrutínio, em aceitar proposta da UDN e demais aliados do governo para que fosse mantida sua vitória, desde que Assis Lemos fosse substituído. Eles propunham a substituição por qualquer deputado do próprio PSB, desde que não fosse Assis. Sabedor dessa tentativa de conchavo, Assis chegou a colocar a questão nas mãos dos seus companheiros, sem radicalizar, sob o argumento de que, o que fosse bom para a causa, seria bom para ele.

José Maranhão, entretanto, não aceitou sequer estudar a proposta. O que estava em jogo, para ele, não era a mesa, mas uma idéia.

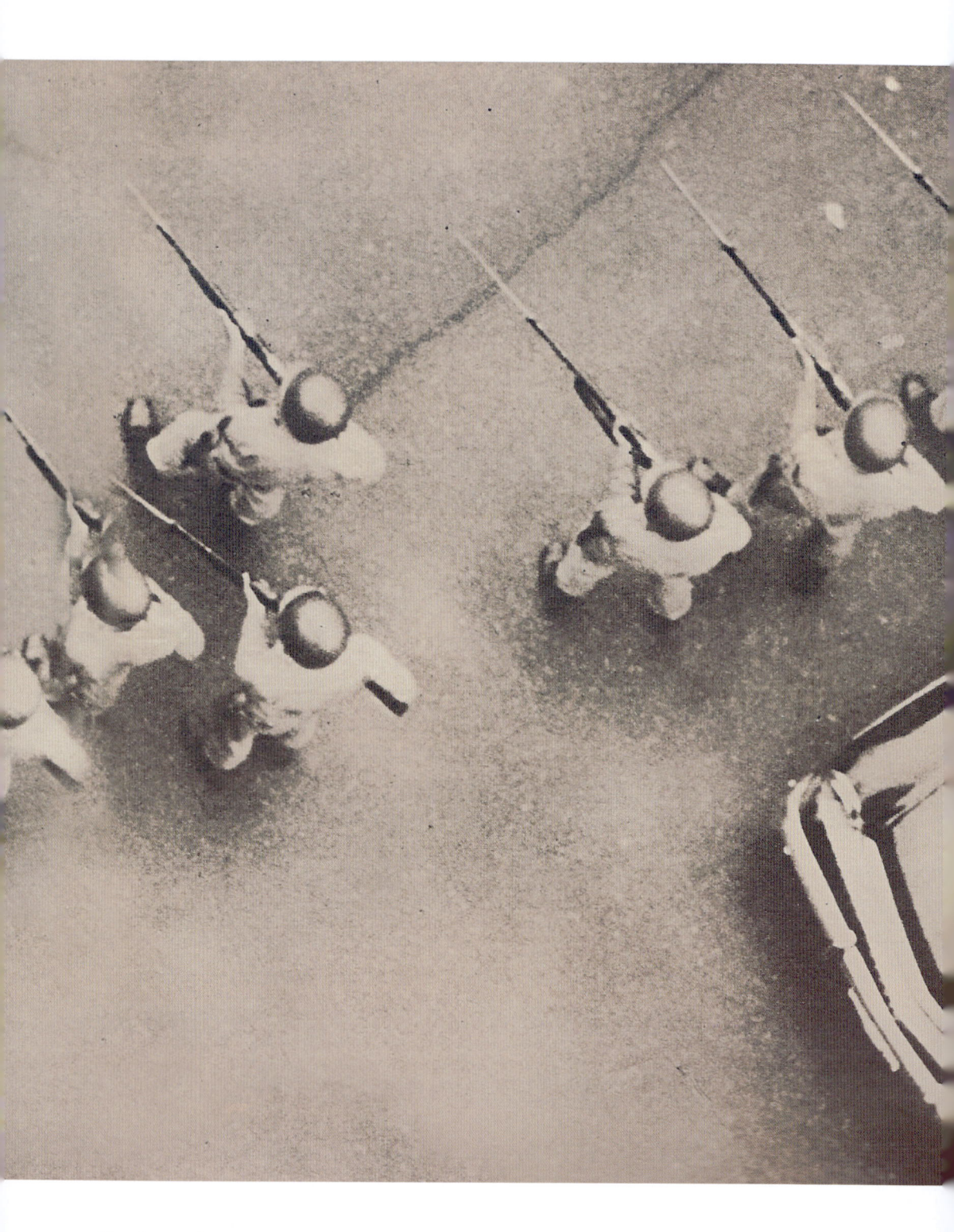

5 ONDE COMEÇA A NOITE INTERMINÁVEL DE 64

"Nunca hesitei, nem hesitarei, agora, em oferecer meu nome a esse manifesto".

Dize-me com quem andas e te direi quem és. As câmaras de repressão e tortura instaladas a partir de 1964 tinham esse adágio como principal instrumento de investigação contra os seus suspeitos e perseguidos. Dele, o deputado José Maranhão dificilmente poderia escapar.

É o que sempre inquiriam das pessoas imputadas de "atividade subversiva", dos que, não encabeçando a ação política nacionalista, reformista ou comunista, pagavam caro por essas companhias.

A José Maranhão, não precisariam entrar nesse tipo de inquisitório. Ele cultivava um relacionamento aberto e participativo com as forças mais engajadas nas reformas que marcavam o governo de Jango. Integrava a Frente Parlamentar Nacionalista com outros deputados do seu partido, o PTB, do Partido Socialista e de rebeldias ideológicas de outras agremiações conservadoras como o deputado Chico Souto, cuja consciência política contrastava, às vezes radicalmente, com o conservadorismo partidário.

Era notória a ligação antiga do grupo Maranhão da Paraíba com o PTB de João Goulart. Havia o histórico de seu trabalho firme e articulado para facilitar o ingresso de Argemiro (traído na UDN) nas hostes trabalhistas, forçando a quebra de resistência de alguns setores mais radicais do governo, que não queriam transigir com o reacionarismo ostensivo de certas posições do senador campinense. Inclusive exposto no seu combate à SUDENE com menção ao "comunismo" de Celso Furtado.

Havia o episódio da mesa da Assembléia, o confronto com as lideranças mais belicosas da anti-reforma, homiziadas na chapa de Clóvis Bezerra, de que resultariam, seguramente, futuras conseqüências.

Sem falar nos pronunciamentos do deputado Maranhão, em plenário, engajados na campanha do "petróleo é nosso", na luta de emancipação econômica do País e em apoio a muitas outras reformas além da agrária – a principal – como uma reforma educacional capaz de universalizar o ensino básico de qualidade e que já começava com a aprovação do Plano Nacional de Alfabetização a ser administrado sob a direção de Paulo Freire. Propunha-se uma reforma urbana visando aos milhões de favelados, enquanto Carlos Lacerda, governador da Guanabara, põe a secretária Sandra Cavalcanti, com o seu serviço

Momentos que a História não há de esquecer. O grande comício pelas reformas, um dos maiores e mais entusiásticos que o país viu, antes das manifestações pelas "Diretas-Já", quase vinte anos depois. Seguem-se as cenas que vão do apoio popular ao retorno de Jango ao Brasil, do seu discurso ao lado da mulher, ao instante de profundo cansaço, cercado por militares, prenúncio dos acontecimentos de 64.

de Recuperação de Mendigos, a caçar às centenas os mendigos do Rio, alguns afogados no rio da Guarda, como se noticiou timidamente na imprensa.

Mas o corolário de todas as reformas seria a "reforma no trato com as empresas multinacionais para que o Brasil deixe de ser escorchado e condenado à dependência. E que se concretizaria na Lei de Remessa de Lucros, aprovada em 1962, que Jango regulamenta e põe em execução como presente de ano novo de 1964."

Os reformistas de Jango, os esquerdistas de todas as tendências, queriam mais o quê?

Perdidos na noite

Não surpreende, pois, que a noite de 31 de março de 1964 viesse encontrar Maranhão em companhia de Assis Lemos. Jantavam juntos.

Vejamos como Assis narra esse momento, um dos muitos que faziam parte da rotina dos dois: "Demoramos na conversa e, quando me dei conta, faltavam uns dez minutos para as 20 horas, horário previsto para o início da concentração preparatória para a vinda das autoridades que denunciariam a instalação do Quartel da Polícia, em Sapé.

Conversamos mais um pouco e seguimos para o local do comício, em Cruz das Armas. O lugar ainda estava iluminado, mas não havia ninguém – é o testemunho de Assis em seu livro:

"Apenas encontramos um popular, que deu a notícia : "O Exército veio, prendeu uma porção de gente e levou o caminhão que serviria de palanque."

A Paraíba, nesta hora, de nada sabia sobre a antecipação da operação golpista que os estrategistas da esquerda previam, nos bastidores, para maio, conforme se revelou depois. Àquela altura, as tropas do general Mourão, da Guarnição de Juiz de Fora, marchavam contra o Rio e algumas rádios já anunciavam a adesão das tropas de Amaury Kruel, de São Paulo.

Assis resolve juntar-se a outros companheiros, Antônio Arroxelas e Laurindo Albuquerque, e sair em busca de Arraes, em Recife, na expectativa de que o governador soubesse o que estava ocorrendo.

"Segui com José Maranhão de volta a Tambaú, sem saber o que estava acontecendo. Maranhão deixou-me na casa da minha mãe, às 23 horas, para dormir. Não dormia duas noites seguidas num mesmo local. Cada noite numa casa diferente, de familiares ou amigos" recorda Assis. E começa a tomar pé do que se passava, com a chegada, neste exato momento, do delegado do DOPS, Ednaldo Dias de Barros "para me avisar de que estavam ocorrendo fatos estranhos. O governador não mandava mais na polícia e o 15 RI é que estava dando as cartas. Aconselhava-me a dormir em local mais seguro."

Em sua narrativa, esquece Assis Lemos ou não dá muita importância aos acontecimentos daquela mesma noite de 31 de março. O Presidente comparecia a uma manifestação dos sargentos, encarada pelos altos escalões do Exército como provocação contra a hierarquia militar. Indispunha-se ainda mais a oficialidade contra o governo. Na Marinha, o clima era de insurreição. Fuzileiros e marinheiros comandados pelo cabo Anselmo a desafiar o almirantado. Tropas da Marinha, despachadas para conter os rebeldes, aderem ou se recusam a reprimir. A oficialidade não faz diferente. Na véspera, surgira Prestes proclamando Jango o chefe da revolução brasileira: "Não há condições para o golpe reacionário e, se os golpistas tentarem, terão suas cabeças cortadas" – inflamava-se o velho líder comunista num arroubo incontido de visionário. Na visão dos estrategistas do governo, o esquema militar anti-golpe era inexpugnável. O general Jair Dantas Ribeiro tinha o domínio de tudo, era a visão quixotesca das esquerdas,

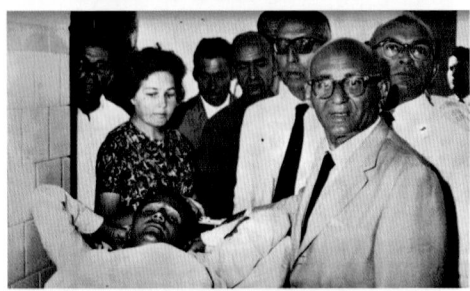

Prisão de Arraes, surpreendido pelos militares que, até a véspera, se diziam legalistas, tratando-o como governador. Abaixo, o líder do movimento agrário, Assis Lemos, vítima de agressão em comício de campanha, em Itabaiana. Quatro décadas depois, entrevistado pelo jornal A UNIÃO.

naquela hora tumultuada por tantos acontecimentos, declarações, tudo correndo vertiginoso para algum desfecho.

Cumpre lembrar que a mensagem presidencial ao Congresso Nacional, enviada quinze dias antes, logo depois do comício de 13 de março, era um golpe decisivo no latifúndio improdutivo, nos lucros extraordinários das multinacionais, ameaçadas de controle, além de propor o princípio de que todo eleitor é elegível, com o que se garantia o voto ao analfabeto e a elegibilidade dos praças e sargentos. Sem falar na legalidade do Partido Comunista.

Esperar o quê?

No entanto, foi com a maior confiança nas forças que apoiavam o Presidente, que Assis resolve se deslocar, nessa noite, para o Palácio das Princesas. A sugestão veio de Maranhão, assim que tomaram conhecimento dos acontecimentos da madrugada:

"A única coisa que você pode fazer para garantir a sua segurança e até a sua vida é ganhar o Sul, procurar Arraes ou as pessoas a ele ligadas."

Maranhão temia que, preso na Paraíba, Assis fosse torturado e morto, como veio a ocorrer, logo depois, com os líderes camponeses conhecidos como Nego Fuba e Pedro Fazendeiro. Estes foram tirados da cela do Exército, vizinha da cela onde estava Assis, para a região de sombras da morte.

"Nós tínhamos todo o direito de pensar isto – comenta Maranhão".

"- Se você for preso, vai ser torturado. Procure conversar com Arraes" – foi o diálogo naquela hora tensa, difícil, mas ainda longe de pressagiar o despenhadeiro onde seriam sacrificadas as liberdades e os direitos fundamentais da sociedade civil brasileira.

É nesse momento que o líder das Ligas é alertado por Maranhão a não conduzir a pistola 45 que, algum tempo antes, o almirante Cândido Aragão, comandante dos Fuzileiros Navais, do Rio, havia emprestado para a sua defesa pessoal, considerando o perigo e a insegurança dos seus passos na região conflagrada pelas lutas entre camponeses e capangas do latifúndio.

"- É bom você não viajar com essa arma" – adverte Maranhão. E oferece-lhe a sua, um revólver 38, ficando com a 45, privativa das Forças Armadas.

Começava aí um grande transtorno para o solidário Maranhão que, além de indiciado no IPM instaurado para investigar as atividades dos deputados inscritos na Frente Parlamentar Nacionalista, tornava-se suspeito de esconder a pistola cedida ilegalmente a Assis Lemos.

Já preso, pressionado para confessar o destino dado a essa arma, Assis confessa a seus torturadores tê-la jogado nas águas do Capibaribe. Dias depois aparece a notícia na televisão de que, numa operação conjunta do Exército e da Marinha, o local indicado por Assis seria submetido a repetidas dragagens até se chegar ao resgate. Decorrido algum tempo, surge um geólogo no meio de um grupo de militares, afirmando que seria inútil a dragagem, porque o leito movediço do rio seguramente tragara o Colt 45 para lugares e profundezas imprevisíveis. Maranhão ri, experimenta um certo desafogo

Manifestação das Ligas Camponesas em Sapé e passeata em João Pessoa, em 1º de Maio de 1962, com a presença do presidente João Goulart.

diante dessa explicação de alguém que se apresenta como especialista nesse tipo de pesquisa.

Mesmo assim, custa a livrar-se da Polícia de Inteligência do Exército, pela qual passa a ser constantemente cobrado e interpelado.

"- É claro que eu nunca disse onde ela estava. Nem sei mais hoje. No mínimo deve estar reduzida a óxido de ferro, destruída pela ferrugem" – conjetura o senador, chamado a falar sobre lembranças que nunca deixam de constranger.

Em seu livro, Assis Lemos dá mais dramaticidade ao episódio: "Minha esposa, meu irmão Martinho e outros familiares fo-

Implanta-se a 6 de abril de 1964 o Governo Castelo Branco, encabeçando o ciclo militar que viria desabar 21 anos depois, com a eleição de Tancredo pelo Colégio Eleitoral

ram diversas vezes solicitar que Maranhão lhes entregasse a arma.

Maranhão, acertadamente, recusou-se a atendê-los."

E agora, José?

Tomando-se como parâmetro a violência vivida no Estado Novo de 1937, com as deposições dos governadores, as prisões, a censura, o golpe de 64 foi de uma truculência nunca vista. A não ser as páginas da colonização, sufocadas de repressão e morte contra os revolucionários de 1817. Na descrição geral reunida pelo jornalista

Nonato Guedes, diretor de A União , trinta anos depois do golpe, a impressão deixada por dezenas de depoimentos é de perseguição, prisão e desaparecimentos misteriosos. Não apenas das militâncias esquerdistas, correndo para os seus esconderijos, mas da grande maioria civil, subitamente atingida, que viu os seus passos, a sua rotina de vida reduzidos por uma invasão estrangeira. Os rostos que compunham a fisionomia e até a intimidade da cidade tornaram-se desconhecidos. Instalou-se o terror surdo em cada ambiente de trabalho, convivas da vida inteira suspeitos de quinta coluna, de agir como dedo duro.

No Golpe de 37, comunistas e integralistas, empurrados para os seus porões, foram humilhados, submetidos a maus tratos e torturas morais e psicológicas, mas em prisões certas e bem sabidas. As famílias, em sua maioria, tendo a quem apelar. A exceção sinistra foi a entrega de Olga Benário Prestes aos carrascos nazistas. Mas foi possível, em meio à mais ostensiva promiscuidade, salvarem-se alguns resíduos de dignidade humana, como deram exemplo Graciliano Ramos e seus companheiros de Colônia Penal.

Na Paraíba, ecoam historicamente os protestos de João Santa Cruz de Oliveira e seus companheiros de Buraquinho, mas nenhum com a história sinistra de Pedro Fazendeiro e João Fuba. De Assis Lemos e de outros torturados, vítimas de lavagem cerebral para toda a vida.

Como vê Darcy Ribeiro, "o golpe de 64 rompeu a tradição política brasileira, adotando a orientação das ditaduras sinistras que a América do Norte impôs, desde sempre, à América Central e ao Caribe. (...) Ao contrário dos militares de 30, 45 e 55 que, após a deposição do governante, entregaram o governo ao poder civil (Getúlio Vargas, José Linhares e Nereu Ramos) Castelo Branco se agarrou à presidência, prorrogou manhosamente o seu mandato e se fez suceder por outro general, que deu lugar a um terceiro, a um quarto e a um quinto – sempre em nome das Forças Armadas."

Recusa perigosa

É neste contexto, mergulhado no mesmo horizonte de sombras atemorizantes que envolve o país, que o deputado José Maranhão se recusa a participar da "vigília cívica" a que se propõe a Assembléia da Paraíba para receber as ordens do novo regime.

Como estratégia traçada entre os poucos que se recusaram a saudar o golpe e a ele aderir, estava a quebra de quorum para as decisões do Legislativo. Maranhão integrava a histórica minoria.

José Octávio faz esse registro, inserido num perfil biográfico que traça de José Maranhão, quando ele se elege vice-governador na chapa de Antônio Mariz:

"Maranhão resistiu como pôde ao golpe militar. Não participou da sessão de vigília cívica de 1º de abril de 1964, quando (...) a Assembléia Legislativa defendeu a deposição de João Goulart, nem da reunião do dia 10 daquele mês, durante a qual a Assembléia promoveu a cassação dos seus primeiros deputados. Da bancada trabalhista, apenas Antônio Montenegro e Inácio Feitosa participaram desses encon-

Operação Expurgo

O Gal. Sizeno Sarmento, no salão nobre do Ministério da Guerra, lê o Ato Institucional que cassou os direitos políticos do Presidente João Goulart, Leonel Brizola, Miguel Arraes, Darcy Ribeiro , Josué de Castro e diversas outras personalidades, entre elas os paraibanos Abelardo Jurema, Celso Furtado e José Joffily.

tros, seguidos por José Braz do Rego. Os três outros parlamentares, José Maranhão, Romeu Gonçalves de Abrantes e Ronaldo Cunha Lima recusaram-se a tomar parte desses conchavos."

"- Comparecer seria o mesmo que coonestar o açodamento com que a Assembléia se colocou à disposição do arbítrio. Nosso propósito era quebrar o quorum" – explica o senador Maranhão.

Recusava-se a ser conivente com a cassação dos colegas socialistas ou de qualquer partido e a colaborar com a completa submissão do Poder Legislativo às ordens dos quartéis, mesmo que isso lhe trouxesse amargas e duras conseqüências.

Conseqüências a princípio geradas nos ninhos de serpente da política local. E, mais adiante, com a cassação, quando o sistema se convence de jamais poder cooptar um filho de fazendeiro que, tendo tudo para "formar no pelotão certo", insistia em permanecer "grudado às hostes do estancieiro chefe da subversão e da baderna" Era a linguagem dos golpistas.

Naquela hora turva e sem horizonte, um único propósito se fixava na cabeça de Maranhão: se não podia protestar, não devia deixar-se pisar e esmagar pela mais longa e sinistra ditadura montada no Brasil.

Como se comportar a partir daí, sem liberdade, sem garantias constitucionais, sem imunidade?

A prisão de Beja

No plano estadual, o combate que Maranhão vinha fazendo à administração de Pedro Gondim, no seu papel de opositor, por achá-la desvirtuada dos primeiros rumos, desde 1962 e, por circustância da política, conviver com o que havia reacionário. Este combate se deu sem tréguas, na vigência da ditadura. Principalmente contra a arbitrariedade policial nos municípios de sua influência, numa seqüência que veio terminar com a prisão de seu pai, o velho Beja Maranhão, forjada por grupos menores de oposição local em conluio com o principal braço policial do governo do Estado, o coronel Luís de Barros. Tudo isso com o fim deliberado de atingi-lo, de amolecer-lhe as resistências.

A prisão foi feita em nome do Exército, mesmo que o Exército, pelos seus comandos, negasse sua participação.

Quarenta anos depois, o senador não esconde o constrangimento à simples menção desse episódio:

"- Foi pura perseguição política. Meu pai foi trazido preso de Araruna para apresentar-se à Polícia. Quando chegou aqui, disseram: 'Bem, Beja, você está livre'.

Então meu pai reagiu: "Não, eu quero depor, faço questão de depor. Eu quero saber por que estou preso."

- "Aí eles tiveram de fazer uma simulação, um inquérito e tomaram o depoimento dele. Mas sem nenhum pretexto" - recorda o senador, instado a remoer o travo amargo desses dias.

Foi uma violência. Usando a força, o terror, era assim que a repressão agia para esmagar as legítimas lideranças populares. Mas a gente amiga de Araruna não se atemorizou diante do que via. Seu Beja preso. Todos vieram à rua, às janelas, alguns tentaram seguir a condução militar. Wilma Maranhão, a líder que seguira os mesmos passos solidários do pai e do irmão em favor do seu povo, sentiu forças para acompanhar o jipe da polícia até a chegada em João Pessoa. Temia que dessem sumiço em seu pai. E representava com destemor todos que, sem acreditar no que viam, testemunhavam essa cena, tanto mais absurda por se passar na terra em que era mais amado e respeitado.

"- Meu pai não dera qualquer motivo para ser preso. Não cometera nenhum ato subversivo, não estava armado, não fez nenhum movimento de incitação da popula-

O Gal. Arthur da Costa e Silva, Ministro da Guerra, recebe no seu gabinete os governadores do Nordeste: Aluízio Alves, Pedro Gondim, Virgílio Távora, Lomanto Júnior e Nilton Belo. Todos levaram ao comando supremo o apoio e a solidariedade da Região.

ção contra o regime. Tudo porque ele era o pai de um deputado que não era bem visto pelo golpe de 64. O que eles queriam era me atingir" – lamenta Maranhão.

Poupado da cassação nos primeiros atos institucionais, nem por isso deixou de exercer a crítica que lhe parecia razoável e indispensável. Crítica que não se cingia ao governo local. A ditadura também era repelida em sua política de desestímulo à produção, afetando principalmente os produtos de sustentação do Nordeste, como o algodão e o sisal. Denunciou a queda de cotação do sisal que, em março de 1964, chegava a 340 dólares no mercado interno e caía, um ano depois, para 140 dólares.

Do PTB para o MDB

A reação popular ao golpe de 64 veio se expressar, de forma inquietante para os militares, nas eleições de 3 de outubro de 1965. Os candidatos da Oposição vencem em cinco estados, entre os quais Minas Gerais e a Guanabara, onde se elegeram os juscelinistas Israel Pinheiro e Negrão de Lima. Os comandos militares, surpreendidos, se enfurecem e Castelo Branco, não se contentando com o AI-1, que já havia desovado duas listas gordas de cassações, expatriando da política e da vida social e cultural as suas grandes lideranças, edita o AI-2. Redefine autoritariamente os termos do AI-1 e, entre outras medidas, todas de exceção, estabelece a eleição indireta para a Presidência da República, a dissolução de todos os partidos políticos, a reabertura dos processos de punição dos adversários do regime, a ampliação de 11 para 16 do número de ministros do STF, garantindo assim a maioria da corte para o governo. Concentra cada vez mais o poder discricionário, permitindo a decretação do recesso do Congresso e, ouvido o Conselho de Segurança Nacional, atribui ao presidente a faculdade de decretar o estado de sítio por até 180 dias, sem consulta prévia ao Congresso.

Na Paraíba, por pouco essa vitória oposicionista não se amplia. Disputando o governo do Estado com o senador João Agripino, da antiga UDN e um dos destacados conspiradores civis do golpe de 31 de março, o PSD do senador Rui Carneiro fica a pouquíssimos votos da vitória. João Agripino teve o apoio decisivo do governo de Pedro, apareceu aos oligarcas, velhos aliados, como o homem de prestígio no novo regime, e conseguiu uma vitória pífia de dois mil votos de maioria. Num dos instantes finais da apuração, acompanhada pelo rádio, Rui chega a se pôr à frente do adversário. E teria vencido, se não chegasse em tempo o resultado das urnas da região de Piancó, que cobriu a diferença e fez de Agripino o governador. Esses resultados foram judicialmente contestados, chegou a se falar em manipulação, até que fossem proclamados os números finais.

José Maranhão, com o seu partido, o PTB, empenhou-se nessa luta com todas as forças do ente político que sempre foi. Com o ímpeto de quem sente integrar as forças da nação, não numa mera desforra, pois o seu senso de realismo não lhe dava esse direito, mas num protesto surdo contra a injustiça, o arbítrio, a sufocação das liberdades e o banimento das grandes li-

Passeata dos Cem Mil, 1968. Controlada pelo MDB, a Guanabara era a oposição possível aos militares, e a fusão poderia servir para a diluição da força eleitoral do partido.

deranças. Saudou esses resultados na Assembléia. Se a punição viesse, como veio, valeria a pena.

Para continuar militando na política, a alternativa que lhe sobrava era ingressar no MDB. Partido forjado pela inteligência do sistema para coonestar o regime, sem dúvida, mas a única arma que restava tanto aos autênticos militantes da Oposição, quanto aos oportunistas.

Irreverência à parte, não se pode deixar de realçar a forma como Darcy Ribeiro registrou a implantação do bipartidarismo:

"O Ato Institucional n.3 implanta o bipartidarismo, dando nascimento à Arena, com trinta e seis senadores e duzentos e quarenta deputados, para ser o partido oficial majoritário, que incorpora cerca de 30% do PTB; os bigorrilhos – e o MDB, com vinte senadores – dois deles emprestados pela Arena para completar a cota mínima legal – e cento e quarenta deputados, para ser uma oposição consentida e comportada. Daí em diante, todo deputado que se opõe efetivamente à ditadura tem

seu mandato cassado. Sai quem tem dentes, ficam os que mordem com as gengivas. Era o partido do "sim" e do "sim senhor."

Por mais que tentassem cooptá-lo, José Targino Maranhão recusou-se ao "sim" e a morder com as gengivas.

Nos primeiros arranjos para a formação dessa representação cênica, não foram poucas as tentativas de figurões da própria oposição local para que Maranhão ingressasse na Arena. Um dos aliciadores, que participara da campanha de Rui, chegou a acenar-lhe com essa opção, alegando que seria uma solução provisória, "um guarda-chuva para protegê-lo da borrasca."

A resposta de Maranhão, sem sair da metáfora: "Olha, meu caro. Eu sou sertanejo; pior ainda, eu sou do curimataú e, para nós, a chuva é uma bênção de Deus. Não tenho medo de me molhar."

E foi dos primeiros a ingressar e manter-se no MDB, sem disfarce, sem atender a qualquer conveniência, justo o MDB que veio a se converter no partido efetivo da Oposição, no partido das *Diretas já*, no partido que articulou, com sacrifício de muitos, a volta da democracia ao Brasil.

O estudante Edson Luis é assassinado, desencadeia-se enorme manifestação de protesto contra o governo, a partir do velório e do sepultamento. Na missa do 7º dia, na Candelária, prendem mais de seiscentas pessoas que expressavam sua solidariedade.

Antecedentes do AI-5

Apesar da repressão, a contestação política "volta a ganhar as ruas através de manifestações de massa promovidas pelos estudantes, pelas greves operárias e pelas primeiras pregações indignadas de sacerdotes católicos, contra a opressão e o esfomeamento do povo."

Edson Luiz, um estudante de dezoito anos que participava de comício estudantil pela reabertura do Calabouço, restaurante da UNE que a polícia fechara, é assassinado por um PM que atira na multidão. O ve-

A repressão, na passeata dos estudantes, em outubro de 1969. Eles saíram para receber a delegação paraibana ao congresso da UNE, que voltava de Ibiúna (SP) e foram surpreendidos por tropas da polícia.

lório e o sepultamento reúnem cinqüenta mil pessoas, o corpo da vítima envolto na bandeira nacional. Vem depois a passeata dos cem mil, no Rio, com slogans como "O povo unido jamais será vencido"/ "Não fique aí parado, você é explorado." O 1º de maio, na Praça da Sé, mostra força, inquieta os ditadores, o movimento estudantil se espraiando por todo o Brasil.

Em outubro, com a liberação dos estudantes que compunham a delegação paraibana ao congresso clandestino da UNE, em Ibiúna, São Paulo, foi organizada uma passeata dos estudantes para recebê-los. Com a intercessão do arcebispo D. José Maria Pires junto ao governo do Estado, a passeata foi autorizada. Ao saírem, às dez da manhã, a polícia montada os recebe a cassetete. O Ponto de Cem Réis, a Praça do Carmo, as ruas Duque de Caxias e Visconde de Pelotas viram um campo de batalha ostensivamente desigual, onde só a polícia é quem bate. A chefatura de Polícia, na praça Rio Branco, era monitorada por oficiais do Exército, numa intervenção sem disfarce à autoridade do governo do Estado, que havia liberado a passeata. O escritor e professor universitário Octacílio de Queiroz, um septuagenário, é espancado e levado com a cabeça sangrando para o Pronto Socorro. O dentista da Fundação Padre Zé, Rosenvard Carneiro da Cunha, é surrado impiedosamente a caminho do trabalho. Uma adolescente de farda azul e branco tem o peito riscado de baioneta, nas manifestações de rua, enquanto o governador se regozija pela inteligência de sua polícia. É que outra líder estudantil falava de uma mesa do Cassino da Lagoa, quando um oficial tem a idéia brilhante de mandar seus soldados retirarem a mesa, com oradora e tudo. Agripino achara isso um golpe de habilidade e inteligência de seu chefe de gabinete militar. A seu ver não tinha ocorrido violência.

Em todo o país registram-se conflitos, guerra de facções em São Paulo, atentados no Rio, sem falar que um certo Charles Chandler, agente da CIA, aparece morto em São Paulo.

Aí vem o discurso do deputado Márcio Moreira Alves propondo boicote ao 7 de setembro e, de forma um tanto gaiata, recomendando às "moçoilas casadoiras não dançar com os cadetes nos bailes da Independência."

O discurso foi o pretexto para o regime de dureza sinistra que os subterrâneos da Segurança vinham há meses programando.

ções reduzem Assembléia a 34

(texto do recorte de jornal, parcialmente legível)

Considerado ofensivo às Forças Armadas, é pedida licença para processar Moreira Alves. Por maioria de 75 votos, a Câmara nega, fazendo respirar livre e eufórica toda a nação para, vinte e quatro horas depois, desabar sufocada.

O poder militar se enfurece e edita o mais drástico ato de repressão de toda a História, o AI-5, com poderes totais de intervenção nos estados e municípios, mais cassações, demissões, reformas e até confisco, tudo submetido aos imperativos da segurança nacional, que só era escrita com letra maiúscula.

O Congresso é fechado. No dia 30, são cassados onze deputados federais, vindo na cabeça da lista Márcio Moreira Alves, seguido de Hermano Alves e Renato Archer. Carlos Lacerda tem seus direitos políticos suspensos.

O presidente Costa e Silva vem à televisão, na passagem de ano, para dizer que o "AI-5 não fôra a melhor das soluções, mas era a única" a dar combate "à ansiada restauração da aliança entre a corrupção e a subversão."

A ditadura retoma as cassações, agora atingindo lideranças como Pedro Gondim, na Paraíba, e Aluísio Alves no Rio Grande do Norte, nomes que o sistema resolveu poupar das primeiras punições.

A cassação

Desde a edição dos primeiros atos institucionais, José Maranhão estava preparado para as conseqüências de suas posições. Não era comunista, nunca foi comunista, mas isso não o isentava de aliar-se às reformas de base, à reforma agrária, à defesa da soberania nacional, posicionamentos que sempre julgou imperiosos em qualquer regime, para a construção de um país menos injusto.

Não via como mascarar o seu pensamento, arrolhar o discurso e a prática de dez anos de militância política, para homiziar-se no guarda-chuva dos seus perseguidores. Jamais poderia dar o braço aos demolidores de sua crença, de sua confiança na democracia que vinha florescendo e se aninhando na esperança brasileira, desde a queda do nazismo, havia vinte anos.

Ainda menino, levado a viver sozinho, interno a partir dos oito anos, aprendeu a usar uma carapaça para proteger-se do arbítrio e da injustiça. Confiado nessa proteção exercitada, protestou contra o inspetor que derrubou, com um calço, o seu colega mais humilde de internato.

"Se fosse comigo, seria diferente" – interveio José, encarando o provocador.

"Como seria diferente?" – reagiu o inspetor.

"Não ficaria assim" – garantiu o menino movido por essa força interior. Força que o encorajou no episódio distante do internato e sempre volta a prevalecer nas horas mais difíceis, pela vida a fora.

"Não vou para onde não devo." E não foi.

Então, a 29 de abril de 1969, veio a cassação, incluída numa das sucessivas listas de punições após a edição do AI-5. José Maranhão, Mário Silveira, Emílio Farias e Ronald Queiroz Fernandes, este professor, suplente de deputado estadual.

Resultado do IPM que apurava suas atividades na Frente Parlamentar Nacionalista? Nem tanto.

O manifesto que tinha a sua assinatura, peça principal do inquérito, consubstanciava umas duas dezenas de itens "definindo a política de soberania nacional que defendíamos para o Brasil e, somente no final, defendendo a auto-determinação dos povos" – explica Maranhão.

E dá detalhes: "Isto, quando os americanos já tinham feito o bloqueio comercial e político da ilha. E queriam fazer a invasão física do país. Cabia o nosso protesto" – recorda agora, com o mesmo calor de então. "Esse manifesto tinha a mais legítima pertinência porque uma das coisas que mais inquietavam e inquietam os povos latino-americanos é essa ameaça potencial de se impor um governo que o povo não aceita.

"O processo é sempre o mesmo, ontem e hoje. Eles criam o pretexto para fazer a invasão, como foi feita agora no Iraque, sob

1º de Maio de 1966 - Castelo Branco acena para o povo, da sacada do Palácio da Redenção, ao lado de João Agripino, quando veio convidá-lo para vice de Costa e Silva.

o argumento de que os iraquianos dispunham de armas de destruição em massa. Passaram essa versão ao mundo, tentaram a aprovação da ONU e, à revelia de tudo e de seu próprio povo, fizeram a invasão. É uma história velha."

E reafirmou: "Nunca hesitei, nem hesitaria, agora, em oferecer meu nome a esse manifesto", que ficou conhecido no jargão militar como "o manifesto pró-Cuba."

Teria sido a razão principal da cassação?

Tantos anos depois, Maranhão volta a remoer as circunstâncias dessa cassação. Não saiu nas primeiras listas, nem mesmo quando o arbítrio recrudesceu, através de sucessivos atos de punições.

Acompanhemos o raciocínio de quem já vinha preparado para receber esse tipo de notícia, menos pelos perigos que pudesse oferecer ao regime militar do que por sua reação aos acenos da Arena, preferindo não compactuar com os elementos e as idéias que sempre combateu.

Antonio Mariz, companheiro do velho PTB, tinha lá seus motivos para ingressar na Arena sem abrir mão de suas idéias. Tanto que veio depois contestá-la, lançando-se candidato contra o nome indicado pelo sistema na eleição indireta. Maranhão não se via com essa força, com esses poderes. Menos ainda com o horizonte político do seu companheiro, cogitado para governador e crente dessa possibilidade, sobretudo pelos seus vínculos com o governador João Agripino que, em pleno AI-5, o mantivera na Secretaria de Educação.

Os grandes aliados de Maranhão, os que não tivessem passado pelas prisões do regime, passaram pelos atos institucionais.

O que ele próprio poderia esperar? - era o que sempre se perguntava.

"Houve um episódio, entretanto, que me deixou convicto de que minha cassação era iminente. Alguns parlamentares que pertenceram à Frente Parlamentar Nacionalista foram procurados pelo governo, por agentes do governo estadual, e resolveram aderir.

Eu fui contatado para fazer a mesma coisa, mas preferi preservar minhas posições, meus princípios, persisti rejeitando o guarda-chuva que desde a extinção dos partidos me ofereciam."

E matou a charada:

– A partir daí, a cada nova edição de atos institucionais, estava eu certo do que viria acontecer. Assim, preparei o espírito dos meus pais, dos meus familiares. Me lembro que, quando conversei com meu pai diante do fato consumado, ele olhou pra mim e me disse:

– Meu filho, você não nasceu deputado. Você é deputado em função de um trabalho político que fizemos juntos e você ampliou, além de Araruna. Sempre você procurou preservar aquilo que eu acho fundamental, a sua dignidade, o seu respeito aos compromissos assumidos. Você vai cair mas vai cair em pé.

E, depois de longa pausa, falando ao filho e aos que foram abraçá-lo, os familiares, os amigos, as pessoas do coração, o velho Beja sentenciou:

– Eu sempre acreditei muito na força do trabalho, o trabalho liberta. E a gente vive assim.

Sem abatimento, a voz pausada, Beja trouxe à luz outro episódio, dirigindo-se ao filho:

– Você está lembrado, quando você era secretário da Agricultura? Nós conversamos sobre algumas divergências que vinham acontecendo, e eu lhe disse: Deixe esse cargo imediatamente!

– E eu lhe respondi – emendou o filho. Ótimo, porque já vinha consultá-lo sobre essa questão. Tinha essa posição e agora fico tranqüilo porque o senhor está pensando como eu.

– Então – conclui agora, retomando a narrativa – lá em casa, naturalmente, minha mãe ficou revoltada. Meus irmãos, os amigos. Mas eu estava sereno. A cada edição do Diário Oficial da União, eu vinha esperando a inclusão do meu nome ou, a cada audição da Voz do Brasil.

E aparentando naturalidade:

"No dia seguinte, já estava traçando planos de trabalho. O que nunca deixei de fazer, mesmo como deputado."

Rua 5 de Agosto e Praça Antenor Navarro, no Varadouro, dois endereços do escritório Benjamin Maranhão, tendo o filho como sócio, desde os 15 anos.

O dia seguinte

Realmente, no dia seguinte, o sócio da firma Benjamim & Filho reaparecia no escritório disposto a encarnar o homem apenas de negócio, tentando dissociar-se do embate de uma vida pública que não passara em branca nuvem e a que dedicara parte da adolescência e os anos mais vigorosos da juventude. Tudo agora usurpado, em seu quarto mandato consecutivo de deputado estadual. Atuando junto ao eleitor num espaço cada vez mais ampliado, se não fazia discursos bonitos, nem roubava a cena a fim de aparecer, nunca fugiu ao debate, nem cortou caminho onde fosse esperado.

Combateu o arbítrio até onde pôde, denunciou injustiças e irregularidades, não deu trégua ao abuso de poder e manteve-se fiel aos princípios morais e políticos que o empolgaram desde jovem .

Deixava registrada a sua passagem na Assembléia e a lembrança de seu nome em todos os lugares em que firmou compromisso.

Agora voltava à forja de trabalho onde cedo fora convocado a amarrar a camisa com o pai. Exonerado das obrigações de deputado, podia dedicar-se integralmente aos negócios e às atividades profissionais.

Não era fácil, como ele mesmo explica:

"Como era muito difícil a vida profissional de um cassado, passei a colaborar com escritórios de assessoria empresarial . Ia duas vezes por semana a Recife fazer esse trabalho, que me rendia alguns honorários e procurei organizar melhor os meus negócios. Foi a época em que ganhei mais dinheiro."

Pôde dispor de todo o tempo para dedicar aos negócios, teve muito mais cabeça para raciocinar como empresário.

Quais negócios?

A pecuária foi uma atividade que nunca abandonou. Agora, além dos serviços de exportação, participava, com firma montada, de concorrências para aquisição de máquinas e equipamentos. Fora da Paraíba, é claro.

"Recorde-se que entrei na vida comercial com dezesseis anos, já na função de gerente. Como se sabe, a participação do menor em sociedade comercial dá a ele maioridade. Isso é do Código Civil. Muito jovem fiquei responsável pelos trâmites de exportação. O produto vinha de Araruna, mas todos os órgãos que se relacionavam com a atividade (fiscalização bancária, o Serviço de Economia Rural, o Banco do Brasil e outros bancos da rede privada) funcionavam em João Pessoa. Toda essa documentação era processada em nosso escritório. Eu era o responsável por isso. Trabalhar estava no meu elemento. Nunca me cansou. Pelo contrário, sempre me libertou dos fantasmas que todos temos, dos inconvenientes da rotina e de outras vicissitudes de mais peso."

Uma amiga de infância que o acompanhou de perto nesta fase, conta que muitas e muitas vezes ele se esquecia do café e do almoço, totalmente absorvido pelo trabalho e enganava a fome com um sanduíche, um café de beira de estrada, como se todo o tempo do mundo fosse pouco para a servidão que se impusera.

Dava-se uma trégua, quando o piloto resolvia superar as limitações que se interpunham na vida do homem de negócios. Era a saída para a amplidão, o vôo. Ou então, no delírio do Carnaval, quando o homem contido de sempre largava o trabalho, os compromissos e, ainda que sem exagero, deixava-se relaxar, entregar-se à despreocupação, à alegria. Era sempre assim em todos os carnavais.

Em 1973, rolando no Cabo Branco o sucesso de Max Nunes com Dalva de Oliveira em seu derradeiro triunfo, o nosso herói não ficará de fora:

"Bandeira branca amor/
não posso mais"...

É quando aparece, na onda de expansões inflamada pelos agudos da orquestra, uma menina-moça de rosto suave que não lhe tirava os olhos. A moça e o Carnaval rebentaram as amarras que o seguravam desde aquele fim de tarde traumático de março de 1969.

Maranhão com Fátima no carnaval, ela ao lado da mãe, D. Maria Alice, e do pai, Waldir Bezerra Cavalcanti.

Maranhão, em tempo algum, desencarnaria do homem político, por entender, com as palavras que Exupéry enxertou em sua visão do mundo, que "trabalhando só pelos bens materiais construímos nós mesmos, nossa prisão. Encerramo-nos, lá dentro, solitários, com nossa moeda de cinza que não pode ser trocada por coisa alguma que valha a pena viver." Lição para toda a vida, confirmada no exemplo de Seu Beja, sentida em sua própria experiência: "A grandeza de uma profissão é talvez, antes de tudo, unir os homens; só há um luxo verdadeiro, o das relações humanas."

Maranhão sentiu isso com uma clareza e uma profundidade interior que só se iguala ao primeiro vôo do imortal piloto numa noite escura, "onde apenas cintilavam, como estrelas, pequenas luzes perdidas na planície. Cada uma dessas luzes marcava, no oceano da escuridão, o milagre de uma consciência."

Isso nunca lhe saiu do pensamento. Essa relação, esse recado captado na solidão do vôo e da circunstância que estava vivendo.

6 O PILOTO

O vôo consegue minimizar o episódio às vezes traumático, quando os pés não conseguem largar a contingência terrena.

"O avião foi um veículo que me ajudou a pensar assim" – confessou depois, muito depois da experiência angustiante de se ver impedido de exercer a vocação política.

Deu-lhe uma visão especial do mundo, não apenas a imensidão física ou o privilégio de emparelhar com as nuvens, sonho mítico do homem na sua forma mais aproximada dos deuses.

Mas muitas outras lições. Uma delas viveu numa grande convenção de aviação realizada na cidadezinha de Oshkosh, na Região dos Lagos, nos Estados Unidos. Lá pousaram 3.500 aviões "e estávamos observando, eu e outros pilotos, a chegada dos companheiros das mais diversas nacionalidades, quando estacionou um aviãozinho, e dele desceu uma senhora de seus oitenta anos, apoiada numa bengala. Ela desceu, veio vindo, e ficamos esperando que o piloto descesse depois dela. . Esperamos um bom tempo, a velha senhora já entre nós, quando nos convencemos de que não havia piloto nenhum a descer."

Experimentando tanta intimidade com o vôo, é tentado a dizer que voar, mais do que literalmente, consegue elevar

o homem a regiões desconhecidas do plano comum. Não precisa citar o aviador, filósofo e sobretudo poeta que encontrou no avião uma forma especial de ver, de sentir a grandeza humana, imperceptível no terra-a-terra. Um ararunense dos fins do século dezenove – lembra esse leitor devoto de Exupéry - já sentia a mística desse Sonho:

"Onde o fim desta escalada?
Desta sede de luz, ilimitada?
E o meu sonho, em pleno ar, tremeu, aflito...
Parou... E, enfim, por entre os astros, a esmo,
desceu, vendo que esta ânsia de infinito
Era a busca improfícua de si mesmo."

É a grande ânsia de Perylo D'Oliveira, nas *Canções que a vida me ensinou*.

O vôo consegue minimizar o episódio muitas vezes traumático, asfixiante, quando os pés não podem se largar da contingência terrena. Chega a ser libertador encarnar nessas asas de puro metal.

Nada acontece por acaso. Adolescente, Maranhão, os meninos e as meninas de Araruna viram descer na pequena cidade quatro aeronaves do Aeroclube da Paraíba que foram inaugurar o campo de pouso recém-construído.

"Meu tio era o prefeito – lembra essa circunstância. Piloto aposentado da Ae-

Com o saudoso comandante Marcos Bateria, Maranhão compartilhando a paixão de voar.

Sente-se à vontade no comando de um avião. Fez-se piloto completo, interagindo com a máquina.

ronáutica, ele resolveu voltar a Araruna, onde terminou prefeito. Era o José Gomes Maranhão, irmão de meu pai. Uma de suas primeiras providências foi construir um campo de pouso para uma emergência. Não era tão difícil assim, pois vivia-se a grande Campanha Nacional de Aviação, criada e impulsionada por Assis Chateaubriand, que mobilizou o país inteiro, comprometendo recursos do governo e de grandes capitalistas como Francisco Matarazzo, na construção de aeroclubes pelo interior."

"Inquietando amigos, arrojava-se às empresas mais ousadas muitas vezes sem apoio material, sem nada de nada, dispondo apenas do fundo inesgotável de confiança em si próprio" - é o testemunho de José Américo sobre o fundador e realizador dos "Diários Associados."

Era de se prever que Araruna, tendo um prefeito-aviador, não podia isolar-se dessa campanha.

Imagine-se a empolgação da cidade, principalmente da meninada, numa festa em que quatro aviões desciam na pista. A cidade inteira estava lá, o menino José no meio, enfrentando uma fila enorme para essa experiência realmente extraordinária do primeiro vôo.

Mas, ao se aproximar do ventre do pássaro, ao sentir na boca a sensação que seria maravilhosa de olhar por cima da montanha inacessível, ao chegar sua vez, faltou gasolina.

E o vôo do menino somente veio alcançá-lo já homem, nos seus dezessete anos.

Estava com seu pai, no escritório, quando surgiu a necessidade de ir urgente a

Araruna pegar o romaneio da carga a embarcar em Cabedelo. Romaneio é um dos documentos indispensáveis à liberação de outros tantos documentos de exportação.

Era questão de horas. Não existia telefone interurbano, ir e voltar de carro gastaria mais tempo que o necessário a outras operações e a solução seria o avião. Maranhão correu ao aeroclube e lá encontrou avião e piloto disponíveis:

– O piloto era Eugênio Marques, que está aí para testemunhar. Colocou-me ao seu lado, na posição de co-piloto, e perguntou se eu já tinha voado. Disse-lhe que sim.

– Mas, já dirigiu um avião? – perguntou, brincalhão.

– Dirigir, não.

– Então vamos dirigir juntos. Pegue nisso aí – e saiu dando as primeiras instruções, logo no começo da viagem.

– Na volta, ele foi à secretaria do Aeroclube, trouxe uma ficha de inscrição, mandou que eu a preenchesse e me apresentasse para as primeiras aulas.

Isso foi numa sexta, num fim de semana. Na segunda-feira seguinte Maranhão já estava se apresentando ao instrutor, Severino Cavalcanti, para iniciar uma atividade à revelia de autorização do pai, que resistiu o quanto pôde a essa pretensão do rapaz.

– Espero, como a velha senhora da grande convenção na Região dos Lagos, chegar ao fim da vida com esse suporte de sobrevivência.

É um piloto completo, que interage com a própria máquina. Voando como

governador, numa das panes, foi ele o mecânico, merecendo o registro da Veja.

Faz o possível para não se desatualizar – é o que diz Seu Agostinho, Agostinho Gomes Barbosa, mecânico que convive com Maranhão há quarenta e seis anos. Agora mesmo está fazendo a manutenção de um Pipe-Twin Comanche, um bimotor que o atende em suas viagens ao interior da Paraíba ou a Tocantins. Manutenção que só se completa, depois da revisão meticulosa de Maranhão.

Conta-se que, na fase de cassado, dividido com os mais diferentes negócios, um deles era sair comprando aviões com defeitos, restaurá-los, "fazer de dois um novo" e vendê-los, depois de liberados pelos exames da Aeronáutica.

A paixão pela aviação o tem levado às mais diferentes e ousadas experiências. Aqui se prepara para voar num moderno equipamento de treinamento militar. Acima é visto ao lado do pai, que já o reconhece e se orgulha do filho piloto. • Ao lado destaca-se na sessão Gente da revista Veja.

Comportadas, ma non troppo

Nos livros, as prostitutas de Nelson Rodrigues eram barrigudas e feiosinhas. Na televisão, mudaram da água para o vinho. Nos últimos episódios de "A vida como ela é", a Globo escalou uma trinca de damas formada por **Cláudia Abreu**, 25 anos, **Isabela Garcia**, 29 anos, e **Malu Mader**, 29 anos. Comportadas, elas não filmaram nenhuma cena de nudez. Mas se divertiram à beça. "Adoramos a vulgaridade das personagens. É legal viver esse tipo de fantasia", confessa Isabela.

Isabela, Cláudia e Malu: divertimento sim, nudez não

Mark Phillips, entre duas...

Glória: rainha do arroz

Risoto para quem tem fome

Para sorte dos sem-terra, a vida não imita a arte. A atriz **Glória Pires**, 32 anos, que na novela *O Rei do Gado* vive a interesseira Marieta, na vida real decidiu adotar a opção preferencial pelos pobres. Glória e o maridão, o cantor Orlando Moraes, donos de uma fazenda em Goiás, decidiram doar aos pobres sua produção de arroz. O cereal, suficiente para 4 000 famílias, foi entregue à Embrapa, que se encarregará da distribuição.

O Santos Dumont do agreste

Se demonstrar, à frente da máquina do governo, a mesma habilidade que tem com motores de avião, o governador da Paraíba, **José Maranhão**, 59 anos, vai longe. Ex-piloto, ele ficou furioso ao saber que uma empresa de táxi aéreo queria cobrar 21 000 reais para levá-lo Brasília. Decidiu consertar ele próprio a turbina do Cheyenne oficial, encostado por causa de um defeito mecânico. "Foi moleza. Não levei trinta minutos", gaba-se o comandante.

Vira-casaca em busca do ouro

As Olimpíadas de Atlanta podem ser palco de um dos grandes feitos de cocheira da história do Império britânico. E, também, de uma das mais inconvenientes traições. O capitão **Mark Phillips**, 47 anos, ex-marido da princesa Anne e ex-genro da rainha Elizabeth II, atravessou o oceano para ser treinador da equipe americana de hipismo. Phillips, que como cavaleiro abocanhou uma medalha de ouro em 1972, pelo Reino Unido, aceitou virar a casaca em troco de um salário não divulgado.

Maranhão e o Cheyenne do governo do Estado: meia hora de trabalho e economia de 21 000 reais

VEJA, 17 DE JULHO, 1996

84

7 A VOLTA POR CIMA

Confiança, coerência, lealdade, virtudes que
o velho Beja sempre apostou no filho.

O político que o golpe militar de 1964 pretendeu anular, continuou subsistindo no homem de empresa ou no pecuarista. Daí a alegria do ex-deputado com o surgimento e afirmação de uma nova liderança no seio da família. A irmã Wilma, que acompanhou os passos do pai e do irmão como voluntária na administração do Hospital e Maternidade de Araruna, no atendimento a todo um mundo infindável de reclamos e solicitações, ganhou, naturalmente, o seu quinhão de confiança popular. O pai e o irmão fizeram a grande base, mas Wilma Maranhão, participando solidária da vida de sua cidade e de outros núcleos urbanos e rurais da região, soube conquistar liderança própria. Mais do que família unida, é uma família aguerrida nas lutas que abraça.

Não sendo o irmão nem o pai, que seja a irmã. E Wilma se fez três vezes prefeita, convertendo-se em força auxiliar decisiva na política de Maranhão.

À esquerda, Maranhão em campanha ao lado da noiva Fátima Bezerra Cavalcanti. Acima, Wilma Maranhão, decisiva em momentos difíceis da vida política do irmão.

Eleita em 1977, ano em que perde o pai, dra. Wilma Maranhão reelege-se em 1989 e 2008.

Com a cassação, José Maranhão só fez crescer politicamente.

Ao ser extinto o bipartidarismo, em 1979, cumprida a punição do arbítrio, ele anuncia seu retorno à política. E filia-se ao PMDB, sucedâneo do MDB, que é o partido onde já se abrigavam muitos militantes da política com ele identificados. O PTB restaurado nada tem com as suas origens, não fazendo mais, nessa nova versão, do que "puro aventureirismo negocista."

Em 1982, elege-se deputado federal, sem mudar uma vírgula de suas antigas posições. Conta com o apoio decisivo da família, de Wilma e Carmésia Maranhão e do sogro Waldir Bezerra Cavalcanti, sucessivas vezes deputado estadual com base eleitoral em João Pessoa, cidade que representou na Câmara Municipal durante seis mandatos.

Apesar de qualificá-lo "como conservador e representante dos interesses do setor

Em 1982 elege-se deputado federal sem mudar uma vírgula dos seus princípios. O PMDB é a alternativa. Em plena campanha, aparece o deputado estadual Waldir Bezerra Cavalcanti, seu aliado de todos os momentos.

agrário", o DHBB – Dicionário Histórico-Biográfico Brasileiro, da Fundação Getúlio Vargas, o mais completo inventário de nomes da política brasileira pós-30, registra suas declarações e entrevistas favoráveis às reformas constitucional e agrária e à realização de eleições diretas em todos os níveis.

Não há um só ponto que possa incluí-lo como conservador. Um único, a não ser o de conservar os mesmos ideais do nacionalista de toda a vida, posição que o sociólogo e esquerdista Fernando Henrique Cardoso considerou, depois que chegou ao governo, como " uma página virada da história."

O castigo não amoldou José Maranhão. "Só deixarei de lutar pela reforma agrária e pelas reformas constitucionais, quando elas se cumprirem integralmente" – reiterou em sua volta à política.

Depois do primeiro mandato federal, reelege-se, em 1986, com a terceira maior votação do seu partido, desta vez como deputado Constituinte. E em 1990 volta à Câmara Federal para o terceiro mandato.

Sua atuação no trabalho das comissões ou no plenário, defendendo projetos de interesse da Paraíba ou participando de movimentos coerentes com o seu ideário, como a campanha das "Diretas-já", não fugiu à boa tradição da representação da Paraíba, ilustrada por Samuel Duarte, Abelardo Jurema, José Joffily, Plínio Lemos e alguns outros.

O registro insuspeito do DHBB

Deixemos com a publicação do CE-PDOC, da Fundação Getúlio Vargas, o registro sem adjetivos da atuação de Maranhão como deputado e Constituinte:

"... em fevereiro de 1983 tornou-se titular da Comissão de Interior. No ano seguinte integrou, também como titular, a Comissão Especial sobre Código Brasileiro do Ar, da qual se tornou vice-presidente.

No início de 1983 foi apresentado na Câmara o projeto de emenda constitucional do deputado Dante de Oliveira (PMDB-MT), propondo o restabelecimento de eleições diretas para a presidência da República. A apresentação dessa emenda proporcionou o desencadeamento de uma campanha nacional, que ficou conhecida como campanha das "Diretas-já".

Na sessão da Câmara dos Deputados de 25 de abril de 1984, José Maranhão votou a favor do projeto, que, por falta de 22 votos, não foi aprovado, inviabilizando-se sua apreciação pelo Senado.

Com a derrota da emenda Dante de Oliveira, foi mantido o pleito indireto para presidente da República. Na reunião do Colégio Eleitoral, em 15 de janeiro de 1985, José Maranhão votou no candidato oposicionista Tancredo Neves, eleito presidente ao derrotar o candidato governista Paulo Maluf".

Em 1986, José Maranhão passou a integrar, como suplente, a Comissão de Desenvolvimento Urbano.

Em novembro, concorreu a uma cadeira de deputado federal constituinte na legen-

O casamento com Fátima, durante o segundo mandato de Deputado Federal

da do PMDB, reelegendo-se com a terceira maior votação do partido e a quinta em todo o estado. Durante seu primeiro mandato, na votação das matérias de interesse da classe trabalhadora, sempre que esteve presente

Como era de se esperar das suas convicções, votou a 15 de janeiro de 1985, no candidato que representava o sonho democrático, Tancredo Neves. Assim, em reportagem da revista Veja, Sarney, Tancredo e Ulysses passam à cena como principais protagonistas da Abertura política.

Tancredo de Getúlio, Tancredo de Goulart, Tancredo da linha de coerência de José Maranhão.

manifestou-se contra todos os decretos-leis de arrocho salarial.

Iniciado novo período legislativo, em fevereiro de 1987, quando se instalou a Assembléia Nacional Constituinte, integrou, como titular, a Comissão de Organização do Estado, da qual se tornou segundo vice-presidente e, como suplente, a Subcomissão dos Municípios e Regiões e a Comissão de Sistematização.

Durante os trabalhos constituintes, votou a favor do rompimento de relações diplomáticas com países que adotaram política de discriminação racial, da limitação do direito de propriedade privada, do mandato de segurança coletivo, da proteção do trabalho contra demissão sem justa causa, da jornada semanal de 40 horas, da pluralidade sindical, da soberania popular, do voto aos 16 anos, do presidencialismo, da nacio-

nalização do sub-solo, do limite de 12% ao ano para os juros reais, da proibição do comércio de sangue, do mandato de cinco anos para o então presidente José Sarney (1985-1990), da limitação dos encargos da dívida externa e da criação de um fundo de apoio à reforma agrária.

Com a promulgação da Constituição, em 5 de outubro de 1988, continuou a exercer o seu mandato ordinário de deputado federal.

Na Câmara, integrou como titular a Comissão de Desenvolvimento Urbano, Interior e Índio e a Comissão de Educação,

Cultura, Esporte e Turismo, ambas de 1989 a 1990. Foi titular da Comissão Mista de Orçamento do Congresso Nacional nesse mesmo período; da Comissão Parlamentar de Inquérito sobre a concessão do controle acionário da NEC do Brasil, em 1990; o envolvimento do Ministério das Comunicações e da Telebrás, em 1990; da Comissão de Viação e Transportes, Desenvolvimento Urbano e Interior, de 1990 a 1991.

Em outubro de 1990, voltou a se reeleger deputado federal na legenda do PMDB. Iniciou novo mandato em fevereiro de 1991 e passou a integrar, como suplente, a Comissão de Defesa Nacional. Em maio de 1992 a revista *Veja* publicou uma entrevista de Pedro Collor, irmão do presidente Fernando Collor, (1990-1992) denunciando a existência de um esquema de corrupção no governo, sob o comando de Paulo César Farias, o PC, ex-tesoureiro da campanha presidencial. As denúncias levaram o Congresso a instalar, no mês seguinte, uma CPI cujas conclusões apontaram para o envolvimento de Collor. Na sessão da Câmara de 29 de setembro de 1992, com voto favorável do deputado José Maranhão, foi aprovada a abertura do processo de *impeachment* do presidente, que acabou renunciando ao mandato em dezembro, antes da conclusão do processo pelo Senado."

No plano federal, como se vê, as posições assumidas pelo deputado José Maranhão só fazem reiterar o pensamento e as atitudes do homem fiel aos valores em que sempre acreditou: num país livre onde possam conviver, dignamente, ricos e pobres. Livre não apenas nas tribunas privilegiadas pelo instituto da imunidade, mas, sobretudo, na luta dos anô-

Recebendo o diploma de deputado federal, depois de amargar dez anos de cassação.

A primogênita, Alicinha, no seu terceiro aniversário

nimos pelos direitos fundamentais: direito à educação, ao trabalho e ao bem estar.

Ao lado das questões de maior visibilidade, revistas agora através do registro do CEPDOC, a atuação de Maranhão, na Câmara, foi pródiga em benefícios e iniciativas dirigidas para as pequenas e grandes comunidades do seu Estado. Não faltou apoio à Educação, à Saúde, às atividades do pequeno e médio agricultor, fosse interferindo na legislação ou recorrendo ao que permitisse o orçamento.

Identificada, no primeiro mandato, a sua estreita relação com os estudos e os negócios da Aviação, passou logo a integrar a Comissão Especial sobre o Código Brasileiro do Ar, da qual se tornou vice-presidente.

Sua presença atuante nessa e em diversas outras comissões, levou-o a aclimatar-se diretamente com questões de grandeza nacional, tratadas em comissões como a de Organização do Estado, de Desenvolvimento Urbano, Mista de Orçamento do Congresso, Viação e Transportes etc. O Brasil visto do alto, que o avião desde muito lhe propiciara, chamava-o agora para a mesa de discussões. Via, questionava, aprendia. Agregava a experiência do Congresso à visão regional e particular acumulada na vivência da terra natal.

A ascensão que seu Beja não pôde ver

Mariz, governador, tornou-se uma aspiração de qualidade da política paraibana. Sua estrela de Belém fôra, no começo da vida política, a Prefeitura de Sousa, para a qual se elegeu em 1962, após deixar uma modesta sub-chefia de gabinete do governador Pedro Gondim. Elegera-se pelo PTB, o mesmo partido de José Maranhão.

Sua administração em Sousa, além de significar uma renovação social, ganhou, sobretudo, visibilidade moral, convertendo-o em estrela-guia da melhor consciência política da Paraíba.

Rejeitado duas vezes pelo sistema de escolha do regime militar, ainda que candidato de um dos líderes da Revolução - João Agripino - que o fizera secretário da Educação em plena vigência do AI-5, Antônio Mariz reunia as melhores esperanças na volta das eleições diretas de 1982, disputando com Wilson Braga. Mais uma vez, porém, os marizistas experimentam nova frustração, sendo obrigados a esperar até 1994, quando o seu líder, candidato do PMDB, elege-se, afinal, governador, tendo Maranhão como vice.

Ser vice de Mariz, por escolha dele próprio, atestava a confiança que o nome de José Maranhão infundia ao titular da chapa.

Confiança, coerência, lealdade, virtudes que o velho Beja sempre apostou em

Ulisses Guimarães, artífice maior da Redemocratização, tinha por Maranhão um carinho especial, pela confiança que inspirava e pela coerência de idéias e de militância.

vê-las reunidas no filho sócio, no filho empresário, no filho político, sem imaginar que pudessem alçá-lo aos degraus mais altos dos cargos eletivos.

Quando Maranhão volta à política com o mandato de deputado federal, em novembro de 82, Beja Maranhão já não podia viver esse momento. Falecera a 1º de dezembro de 1977, depois de lutar e sofrer estoicamente contra o inimigo insidioso e cruel. Não lhe foi dado acompanhar os passos mais altos do herdeiro de sua coragem e de sua capacidade de resistência. Fechou os olhos para o mundo que ele ajudou a viver, a criar, a produzir e a ser digno.

"Não se viam os caminhos e as ruas por onde o seu corpo passou", recorda-se a filha Carmésia.

Na crônica sentida que o autor deste texto dedicou ao velho e bom amigo, a mesma percepção:

"Que homem é esse, para quem se encheram as estradas do brejo e do curimataú ao aviso da sua morte?

Fazia política, geria municípios, era ouvido e solicitado, mas o que era mesmo era agricultor. Agricultor nos modos, nos compromissos, o comportamento do homem em estreita coerência com o da terra. Se em se plantando nela tudo dá, dava-se o mesmo com Beja. Botou enquanto pôde para os milhares de mãos de Araruna, Tacima e Cacimba de Dentro. O povo confiava nele como se confia num ano bom de inverno. (...) Todas as estradas deram em Araruna para os passos do povo, vindo de cada baixio ou de cada alto, um apelo final, não mais a Beja, mas a quem possa lhe dar um bom lugar."

Não teve a fortuna de assistir à grande volta por cima do filho deputado federal, vice-governador e, afinal, governador.

A hora extrema

Não podem deixar de ser consideradas as condições de saúde com as quais Mariz se lançou à campanha. Já começava a sentir os primeiros sintomas do mal que terminou vitimando-o. Chegou à exaus-

Caminhando lentamente, os paraibanos prestavam homenagem a Antônio Mariz, cujo velório, no Palácio da Redenção, assinalava o derradeiro encontro com o seu povo.

tão na campanha, tendo de percorrer o estado, fazendo-se de forte, sem poder se poupar, nem sistematizar o tratamento.

Mais do que uma solução política, o seu parceiro teria de compartilhar uma ética, ter uma história de coerência e lealdade.

E foi o que a Paraíba testemunhou durante o curto período em que Mariz esteve no governo, período suficiente apenas para definir os seus programas.

Maranhão não somente foi leal ao companheiro durante as sucessivas substituições. Período no qual não houve um ato, uma iniciativa, por pequenos que fossem, que não se dessem de comum acordo. Nesse sentido, os familiares do governador enfermo, os partidários mais próximos jamais manifestaram qualquer queixa. Ao contrário, viram no substituto da hora extrema o mesmo fiel companheiro de chapa da hora da escolha.

O discurso de Maranhão, nas exéquias do amigo morto, não foi uma peça de mera retórica. Nem apenas um compromisso. Já vinha sendo uma prática.

"Nesta hora crucial da nossa História, quero garantir solene e firmemente à Paraíba que colocarei em prática todo o Programa de Governo idealizado por Mariz – e que este compromisso será mantido até o último dia de gestão.

Justifica-se duplamente o rigoroso cumprimento de nossas promessas comuns. Primeiro, há uma razão bem prática: como candidato a vice-governador, participei junto com nosso mentor maior da própria fase de elaboração do programa.

Mariz, com o olhar de aprovação e esboçando um afetuoso sorriso, acompanha o juramento do vice-governador Maranhão.

Defendi todos esses princípios em reiterados pronunciamentos, ainda mesmo durante a campanha e, depois, já exercendo o governo."

E mais adiante, reportando-se ao compromisso com a opinião pública:

"É de natureza moral a segunda justificativa para que eu cumpra fielmente, ao pé da letra, o Programa do Governo Mariz. Foi exatamente esse programa que nos garantiu a vitória."

Além do mais - completou Maranhão – o nosso projeto de governo guarda e sintetiza a perfeita identidade ideológica de toda a minha vida. Ou haveria de esquecer que tive os direitos políticos cassados em 1969, justamente por subscrever o manifesto de criação da Frente Parlamentar Nacionalista? Ao dar cumprimento ao Programa de Mariz, aliás, não estarei adotando qualquer atitude nova. É de todos sabido que, tanto na interinidade do governo como trabalhando de forma permanente e em conjunto com o titular do cargo, procurei dar seqüência a todas as suas medidas iniciais."

No exercício efetivo do governo, no enfrentamento da realidade, o estilo de Maranhão foi ganhando características próprias, sobressaindo-se a imagem de que o Estado tinha um comando. E como o comandante era um homem contido, seguro, a primeira impressão era de que o governo não seria diferente.

O controle das contas, a cobrança e fiscalização na execução das obras, a perspectiva empresarial de substituir o gasto pelo investimento indicavam que uma nova forma de administrar os recursos públicos chegara ao governo.

Ao mesmo tempo em que ordenava as finanças, negociava o endividamento, recusava-se a expurgar da folha o excesso de funcionários para atender ao ajuste fiscal. Começou a definir e executar o seu programa de obras.

Já trazia na bagagem as prioridades recolhidas na sua própria militância política. Passou a responder, como governante, a tudo o que o deputado levou anos reclamando da tribuna.

E impuseram-se programas fundamentais como o Plano das Águas; abertura, duplicação e melhoria de estradas; descentralização dos serviços de Saúde, com ênfase para os hospitais regionais, os hemocentros e o Hospital de Trauma; levar a presença do governo aos núcleos mais confinados, com energia, abastecimento de água e a garantia de um meio de vida na atividade rural ou urbana, além de um programa especial de valorização do patrimônio histórico, um atrativo da Paraíba para o turismo.

Assumindo o Executivo, o ex-parlamentar identificou, na ação resolutiva, a essência do mandato e uma vocação. Só uma coisa fez contra a vontade, contrariando antigas posições nunca arrefecidas: a privatização de uma empresa do estado, recomendada pelo órgão federal de gestão do setor energético.

Obras de vulto e uma gestão administrativa que cuidava dos recursos públicos com zelo empresarial criaram uma expectativa de que seria bom tê-lo outra vez como governador.

Tanto assim que a recondução, em outubro de 1998, teve a aprovação de mais de 80 por cento do eleitorado.

José Maranhão com outros governadores.

Mas essa passagem de um mandato a outro não se deu sem luta interna dentro do partido. Luta pela hegemonia no Estado, por interesses outros gerados no ventre da política, desde que existe o poder.

No curso da narrativa, alguns lances desses episódios, seja no Clube Campestre, em Campina Grande, ou na Convenção em João Pessoa, serão chamados a aparecer no momento próprio (Pág 127).

Acima, ao lado de Humberto Lucena, com Haroldo Lucena ou com Roberto Paulino - companheiros fiéis - o mesmo sorriso de confiança. Na sequência, o diploma de governador, entregue pelo Desembargador Onaldo Queiroga. Ele e o vice Roberto Paulino, fazem juramento na Assembléia. Depois, o abraço fraternal que se reproduziria durante toda a gestão.

À esquerda, PMDB, legenda que para José Maranhão nunca perdeu o sentido de resistência democrática. Na foto, discursando numa das convenções nacionais do partido.

8 OS FEITOS

Um governo no qual
se pôde confiar.

C omo ficou dito, nas sucessivas substituições do governador Mariz, José Maranhão já se fazia notar. Além da lealdade ao líder e companheiro, seu apego à ordem projetava a imagem de que o Estado tinha um gestor. No exercício efetivo, essa imagem se consolidou, o ordenamento chegando mesmo a se confundir com certo centralismo. Vindo de uma das regiões do semi-árido, o Curimataú, Maranhão nunca pôde desvencilhar-se de alguns determinismos culturais, como o que assevera que quem engorda o boi é o olho do dono. E governou sem tirar o olho do orçamento, dos gastos, da obra em si. Governou e volta a governar com a postura de empresário.

"Em menos tempo do que se esperava, o Estado retomou o equilíbrio financeiro, graças a medidas rígidas objetivando elevar, de forma consistente, o desempenho da arrecadação (...)

A barragem de Acauã era um sonho de gerações. Houve uma primeira pedra nos anos 50. Sempre que se falava em abastecimento de água de João Pessoa ou de Campina Grande, ou mesmo de um meio para regular as cheias do rio Paraíba, surgia Acauã como o grande horizonte. Veio concretizar-se no governo Maranhão. Mais do que manancial de abastecimento de água, viabiliza, entre outras economias surgidas com a barragem, a produção de melhor referência regional no cultivo de camarão.

sobrevindo o rígido controle das principais despesas e da estabilidade auto-sustentada.

A dívida do Estado, de patamar incontrolável, foi inteiramente repactuada para um prazo de quarenta anos e, graças a isso, obteve-se uma diferença para menos entre os custos contratuais que reduziu a dívida global em 1.335 bilhão. Sem esse esforço, o débito consolidado da Paraíba (a custos de 3l/12/2001) atingiria os R$ 3.976 bilhões e não os R$ 2.641 bilhões posteriormente configurados.

De 1995 a 2000, com as medidas de modernização aplicadas nas Finanças, na Administração e no Planejamento, o ICMS teve um crescimento real de 29,65%. Em 2001 alcançou 46,89% em relação a 95. No segundo semestre de 2001, a Paraíba chegou a liderar, no país, o percentual de crescimento acumulado de 19,83%, publicado em O Estado de São Paulo.

No final da administração, o responsável pela gestão financeira pôde garantir que se havia restabelecido a tradição de investimentos com recursos diretos do Estado, interrompida desde a administração João Agripino.

O funcionalismo, os contratantes e fornecedores, passaram a ter no tesouro do Estado uma garantia de segurança e pontualidade.

Esta a primeira das obras, dando seqüência às demais que só podiam viabilizar-se com um Estado apto a investir e negociar.

O eterno problema da água

Precisava de humildade e ao mesmo tempo de ousadia para enfrentar um problema que deu notoriedade a outros governos. Como a subsistência, a água no Nordeste é luta interminável. É a sobrevivência.

A "solução hidráulica", subestimada por modernos cientistas sociais da projeção de um Celso Furtado e outros estudiosos bem intencionados não conseguiu ser descartada nem pelo xerofilismo (*) dos anos 20 nem pelo industrialismo dos anos 60. A administração da escassez, com a disseminação de sucessivas técnicas ao longo dos anos, termina reduzida ao problema da provisão de água. Desde Epitácio Pessoa que é assim, as experiências técnicas de uso e manuseio sempre se rendendo à dependência das fontes dos mananciais.

Barrar rios, aproveitar boqueirões, criar pontos e manchas de água até onde os recursos e o tempo de governo permitissem quase que monopolizaram as atenções e as ações de Maranhão.

O Plano das Águas, como popularmente se difundiu, contemplou todas as regiões da Paraíba, com barragens como as de Acauã (253 milhões de m3), Araçagi (56 milhões), Camará (26 milhões), Mucutu (30 milhões), Tavares (9,1 milhões), Barragem de Garra (34 milhões), Capivara (30 milhões), Condado (35 milhões), Barragem Baião (40 milhões), Pirpirituba (4,7 milhões). E saiu interligando as bacias hidrográficas (1.200 quilômetros de adutoras) atendendo às carências da regiões mais vulneráveis ao problema da seca. Uma conexão que reforça o abastecimento do consumo e da irrigação.

É um marco na história do armazenamento de água na Paraíba. "Desde 1909, quando se inicia a saga da açudagem no Estado, o volume acumulado chegou a 3,5 bilhões de m^3.

O Plano das Águas entra com um incremento de 15%, mais de meio bilhão de metros cúbicos em apenas um lustro de atuação" – é o registro do relatório final de 2002.

Constituiu referência para outras regiões que demandaram os recursos do Banco Mundial com o mesmo objetivo.

Importante é que os sistemas adutores entraram a transpor água de mananciais de disponibilidade hídrica e de qualidade garantida para sedes municipais e distritos, numa integração de bacias. Setenta municípios, abrigando uma população em torno de 1 milhão e 100 mil habitantes, beneficiaram-se do sistema.

Acima, o Canal da Redenção, um sonho represado pelo sistema Coremas-Mãe D'Água que a determinação do governo Maranhão transformou em realidade, para a irrigação das várzeas de Sousa.

Não houve cidades diferenciadas

Outro ponto fundamental: grandes ou pequenas, todas as cidades ficaram iguais em abastecimento de água. A água tratada que chegou à torneira do Bessa, bairro de elite de João Pessoa, chegou também à torneira de Carrapateira, no Alto Sertão. O esgotamento sanitário que beneficiou o Valentina, Cabedelo (Oceania VI), projetando-se para Bayeux, chega a Campina Grande, despoluindo o riacho Bodocongó. Em Cajazeiras, o sistema ganha nova estação de tratamento. A lista de cidades onde a Cagepa ampliou, recuperou e implantou serviços é de se conferir: Alagoa Grande, Araruna, Bayeux, Brejo do Cruz, Barra de Santa Rosa, Bom Jesus, Bonito de Santa Fé, Cabedelo, Cacimba de Dentro, Cajazeiras, Campina Grande, Catingueira, Catolé do Rocha, Conde, Congo, Cruz do E. Santo, Damião, Esperança, Fagundes, Guarabira, Gurinhem, Jacaraú, Jericó, João Pessoa, Pedras de Fogo, Picuí, Pilar, Pombal, Puxinanã, Queimadas, Monteiro, Mulungu, Natuba, Nova Olinda, Juarez Távara, Lagoa Seca, Mamanguape, Mogeiro, Remígio, Santa Rita, São Bento, São Mamede, Sapé, Sousa, Taperoá, Tavares.

Sabe-se maçante a enumeração, mas cada nome destes implicou um pleito, um esforço técnico e um dificultoso equacionamento de recursos para a contemplação de uma velha esperança acalentada.

Na agropecuária

As ações se voltaram para o melhoramento genético, ampliando experiências que se limitavam a alguns raros criadores. Foram importados caprinos e ovinos das raças Boer e Dorper dos Estados Unidos e da África do Sul que vieram melhorar o rebanho paraibano. A partir das estações experimentais da Emepa, a Paraíba passou a exportar tecnologia genética. Os bovinos Gir leiteiro e Guzerá tornaram-se referência em todo o país. Generalizaram-se feiras e exposições com adesão crescente de novos municípios interessados em promover esses eventos.

A Agricultura, que há anos não apresentava bom desempenho, passou a alimentar esperanças a partir do crescimento da safra de 2000, em relação ao ano anterior. O algodão, desde anos penalizado com o declínio causado pelo "bicudo" e a falta de uma política de preços do governo brasileiro, começou a se recuperar, crescendo, ao mesmo tempo, com a produção de abacaxi, arroz, milho, feijão, levando-se em conta a área colhida, a produção e a produtividade. Foi implantado o Centro de Estudos Avançados em Fruticultura e Irrigação de Veludo, em Itaporanga, gerando pesquisa genética e de produção de sementes de alto teor germinativo, apropriadas ao semi-árido, para os produtores . Este centro encarregava-se de ofertar mudas de frutas para serem utilizadas nos projetos de irrigação projetados para as várzeas de Sousa, beneficiárias do Canal da Redenção.

O menos visível
e mais abrangente

O projeto Cooperar foi um dos instrumentos mais eficazes na distribuição democrática das ações de governo. Financiado pelo Banco Mundial, uma das estratégias dos financiadores era conscientizar o público-alvo, em sua grande maioria do campo e de pequenas comunidades, de que é exclusivamente para ele que são dirigidas as ações do programa e os seus recursos. Tão importante quanto os recursos era a sua correta aplicação, fiscalizada pelos próprios beneficiários, assim conscientizados.

Tornou-se o programa mais amplo, de caráter nitidamente social, abrindo poços, abastecimentos de água singelos, linhas de energia no campo, dispondo-se o governo, na realidade, a apagar o último candeeiro remanescente do atraso. O programa chegou a 77.600 famílias de 3.146 comunidades, em 199 municípios.

Contemplou desde a fundação de creches, construção de privadas em sítios, habitações em regime de mutirão, lavanderias comunitárias, casas de farinha, a usinas de beneficiamento de leite, a microempresas beneficiando grãos, confeccionando apetrechos de pesca, convênios com a Universidade e o CEFET, visando à modernização da pesca em alto mar e apoio à piscicultura. Das iniciativas mais simples às mais complexas da pesca artesanal. Foi o projeto menos visível, como apagar uma lamparina, e o mais abrangente do governo.

Cooperar: o programa mais amplo e de caráter nitidamente social

Paraíba: novo centro de negócios

O ajuste financeiro que o governo se impôs, desde o início da administração, abriu perspectivas para que a Paraíba se convertesse num novo centro de negócios no Nordeste. Negócios gerados pelo investimento industrial ou por empreendimentos na área de distribuição, a exemplo do grupo Martins, grande central distribuidora, trazida para João Pessoa pelas vantagens da localização em relação ao Nordeste e pela credibilidade e firmeza da política de incentivos inaugurada, neste setor específico, pelo governo Maranhão. De 1995 a 2002, o investimento industrial cresceu perto de 1000%.

Saiu de 74 milhões, em 1994, para o investimento acumulado acima de R$ 2.9 bilhões. O número de empresas elevou-se de 65 para 216, com novas indústrias, centros de distribuição, ampliações, todos beneficiados pelo Fundo de Apoio ao Desenvolvimento Industrial, gerando cerca de 37 mil novos empregos.

Além do pólo têxtil, cuja viabilidade é realçada por marcas como Coteminas, Texnor, Brastex, instalaram-se na Paraíba empresas nacionais do ramo calçadista como Alpargatas, Samelo, que vêm se juntar a novas unidades do pólos cerâmico, dos plásticos, de bebidas, alimentos e de metalurgia. Nesse período, o produto interno cresceu a taxas superiores às do Nordeste e às do país.

Estradas

Foi um começo de reclamações. Grandes trechos da BR-230 e do Anel do Brejo, estradas de maior tráfego com vinte e cinco anos de construídas, transformadas em pistas de obstáculos, esfareladas ao peso das cargas e do tempo. A estrada João Pessoa-Campina, interminável até o governo Ronaldo Cunha Lima, não comportava mais a movimentação entre os dois principais centros de negócios e de turismo do Estado. A capital exibia uma entrada acanhada, muito aquém da sua importância, estorvando o fluxo para o centro comercial, bancário, político, cultural e religioso da metrópole antiga. Era preciso levar adiante o projeto de duplicação iniciado em Cabedelo, trecho que foi promovido a verdadeira avenida, com iluminação especial e divisão de pistas. A duplicação de João Pessoa a Campina Grande tinha de ser tocada, as duas cidades finalmente se comunicando por estrada compatível com o grande tráfego de hoje. Como registrou o noticiário da época, "é uma nova estrada correndo ao lado da outra." A PB 008, batizada de Ministro Abelardo Jurema, descobre e viabiliza o litoral sul para o turista e para os novos núcleos de residências de veraneio. A expansão urbana, que há anos adensava o Bessa, Intermares e outros espaços privilegiados das praias Norte, ganhou passagem asfaltada ao lado do mar, em direção às praias do Sul, acrescentando novos nomes e endereços de lazer como Carapibus, Tabatinga, a famosa Tambaba, até encontrar Acaú-Pontinha, nos limites com Pernambuco.

Além da duplicação da Via Litorânea, da construção do Viaduto de Oitizeiro, da iluminação urbana, da grande avenida expressa a que foi promovida a estrada de Cabedelo, o governo Maranhão pavimentou 1.000 quilômetros de rodovias, entre novas e restauradas.

Cumpre destacar o zelo que sempre se dispensou ao trecho João Pessoa-Recife, desde os anos 70, com uma qualidade que marca diferença quando a estrada muda de jurisdição. Para uma estrada com esse tratamento, agora, finalmente, em trabalhos de duplicação a cargo do Grupamento de Engenharia, faltava uma solução de tráfego e de moderno urbanismo como o Viaduto de Oitizeiro, novo portal digno de anunciar a cidade de João Pessoa.

◀ Viaduto de Oitizeiro: um novo portal que o progresso vinha devendo à entrada de João Pessoa.

Expansão do Porto

O Porto de Cabedelo está ligado à história das grandes administrações do Estado. Objeto de referência da história colonial (Diálogo das Grandezas do Brasil), constituiu preocupação primordial no governo de João Pessoa, para ser construído e instalado no período revolucionário Antenor Navarro-Gratuliano Brito. No governo Burity, travou-se uma guerra pelo assoreamento e a retirada de pedra que impedia a entrada de grandes navios. Com o crescimento dos negócios regionais e a vantagem da localização, Cabedelo teve de se expandir, independente das prioridades federais inclinadas a contemplar outros empreendimentos na área. O porto ganhou um aliado que acompanha a sua trajetória de dificuldades, desde o pique do comércio de exportação do sisal, do qual a firma Benjamin & Filho era uma das fomentadoras. Nos novos tempos, a importância da Paraíba como base portuária regional foi encarada como imperativo de desenvolvimento. A área física do porto experimentou sua maior expansão, equipou-se, no governo Maranhão, para a movimentação de todo o coque de petróleo destinado aos grupos João Santos, Votorantim e Cimpor, além do transporte de petróleo

da Cabedelo, Óleo e Gás, Ltda, consorciada com a americana Oxbow que garante o fornecimento de petróleo para outros fins. O nível de eficácia conquistado transformou Cabedelo num centro de distribuição de petróleo da Petrobrás, Esso, Shell, Texaco, Ypiranga, etcViabilizou a implantação do Moinho Dias Branco, uma das maiores movimentações de carga registrada pelo porto, além da construção da primeira etapa do cais pesqueiro. Captavam-se, através de Cabedelo, mil toneladas mensais de atum. Os números do porto de hoje são sintomáticos de sua expansão e do crescimento dos negócios da Paraíba.

No governo Maranhão, o Porto de Cabedelo ganhou um aliado que acompanhou o seu funcionamento, as suas dificuldades, desde quando o jovem empresário esteve à frente dos negócios de exportação do sisal. Fez-se portador de muitos dos seus problemas na Assembléia. Nos novos tempos, a importância da Paraíba como base portuária regional reclamava a expansão da área física e a implantação de novos equipamentos. Os números do porto, nessa fase, são indicativos desse crescimento.

Do Hospital de Trauma à pequena unidade do interior

O projeto que o governo Maranhão veio encontrar restrito às paredes, paralisado em duas administrações, foi retomado e convertido no grande complexo de saúde que recebeu a qualificação merecida de Hospital de Trauma. Foi entregue à comunidade como uma unidade de referência no país, tanto em equipamentos, como em recursos humanos. Se, com outras obras de porte, o governador Maranhão chegou a empolgar-se, com o Hospital de Trauma, emocionava-se. Outros hospitais foram ampliados, restaurados e construídos. Merece destaque a ampliação do sistema de hemocentros. Programas como o PSF e os de cobertura vacinal, patrocinados pelo Ministério da Saúde, tiveram aplicação plena na Paraíba. Não se pode deixar de fazer uma referência ao Laboratório Central de Saúde Pública (Lacena), referência de atendimento qualificado da comunidade, com uma média anual acima de 200 mil exames.

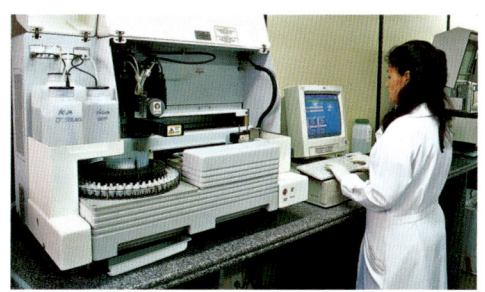

"Se, com outras obras de porte, o governador Maranhão chegou a empolgar-se, com o hospital de Trauma, emocionava-se".

Educação

Além das ações pedagógicas próprias da atividade da Secretaria de Educação, tais como qualificação de professores, ampliação da matrícula escolar, programas especiais como Aceleração de Aprendizagem, Educação de Jovens e Adultos e Transporte Escolar, o governo do "mestre de obras", como foi popularmente batizado , marcou forte presença na ampliação da rede física das escolas. Somente no período 1998-2002, foram construídas 51 escolas, ampliadas 60 e reformadas 237. A escola pública, nesse período, ganhou 46 quadras poliesportivas. No período anterior, cumprindo esse item programado em conjunto com Antonio Mariz, os números não são inferiores. Deixou em construção 42 escolas, 72 ampliações, 53 reformas, além de 181 quadras e ginásios.

A classificação de uma escola do interior do Estado, a Mons. Vicente Freitas, de Pombal, alcança o 2º. Lugar no Brasil num certame de Referência em Gestão Escolar. Expressa o empenho da Paraíba na melhoria da qualidade da escola pública. Melhoraram os índices de promoção e caíram variáveis negativas como as da repetência e evasão.

Os CEPS (Centro de Educação Solidária) implantados em 1996, com duas unidades, uma em Campina Grande e outra em João Pessoa, evoluíram, já em 2001, para dezoito centros, funcionando no Estado, incluindo 62 escolas, com 2.278 professores e beneficiando 74 mil alunos.

Cultura

Surpreenderam o meio cultural as ações desenvolvidas pelo governo Maranhão em favor do patrimônio histórico, artístico e arquitetônico, não só de João Pessoa como de outras localidades do Estado. Com recursos

 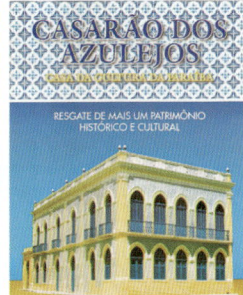  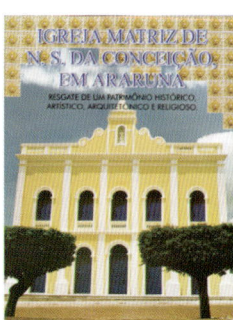

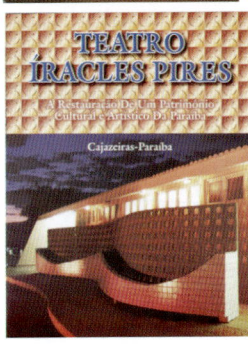 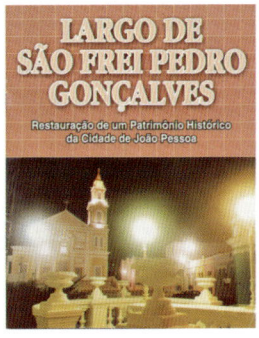 

A política de preservação da memória histórica não se limitou ao cenário da capital, estendeu-se às cidades do interior que não tinham sido contempladas em outras gestões.

próprios e associados, foram restaurados o Casarão dos Azulejos, que abriga a Sub-secretaria da Cultura; a Biblioteca Pública da General Osório, a antiga fábrica de vinhos Tito Silva, sede da Oficina Escola de João Pessoa; a igreja de São Bento, monumento nacional; o solar onde funciona o IPHAEP; a antiga Estação de Cruz do Peixe, hoje Usina Cultural da Energisa; o largo de S. Pedro Gonçalves, compreendendo a igreja, palco de importantes achados arqueológicos, e o edifício da Recebedoria do antigo porto, onde está instalado o Memorial da Arquitetura. Entre o Palácio do Governo e a Faculdade de Direito, foi construído o mausoléu do Presidente João Pessoa. Merece destaque especial, pela sua importância na arquitetura religiosa, a restauração da Igreja da Guia, uma reivindicação unânime dos círculos artísticos e culturais, com acesso asfaltado; a fazenda Acauã, no alto sertão, projetada para ser o Memorial da Cultura Sertaneja (foi este o objetivo); o antigo cinema São José, no bairro do mesmo nome, em Campina Grande; o teatro Íracles Pires, em Cajazeiras; a matriz da Conceição, em Araruna; o Santuário de Santa Fé, casa do Padre Ibiapina, em Arara; a construção do santuário da Pedra da Boca. As instituições culturais e iniciativas de fomento às artes e à cultura em geral mereceram o apoio do governo, além da lei que criou o Programa Estadual de Incentivo à Cultura. A ênfase maior, entretanto, foi dada às iniciativas de restauração e ocupação dos monumentos do patrimônio histórico e artístico, privilegiados em face das condições de precariedade em que se encontravam. A cidade histórica e artística deve esse reconhecimento ao governo Maranhão.

Turismo e meio ambiente

Foi um setor em que o governo do Estado não seguiu à risca a tradição do investimento exclusivo no turismo de sol-e-mar. Este, consagrado pelos agentes como o que mais atrai, foi contemplado com uma estrutura de estradas, verdadeiras vias expressas que se estendem de Cabedelo até a última pousada de praia, nos limites de Pernambuco, através da rodovia Abelardo Jurema, descortinando o litoral sul. Com a duplicação da BR-230, de Cabedelo a Campina Grande, criou-se uma excelente via-expressa. Também abriram-se caminhos para o turismo religioso em demanda do interior. O brejo é redescoberto, na trilha de Ibiapina.

Todo o turismo de sol-e-mar é complementado pelo cultural e ambiental, em que o governo Maranhão resolveu apostar, investindo nos programas já mencionados de valorização do patrimônio histórico, artístico e religioso. A respeito desse gênero de turismo, veja-se sua opinião no capítulo "Valores". Juntem-se a esses atrativos a criação e montagem do Jardim Botânico, a melhoria da infra-estrutura de acesso a parques como o Vale dos Dinossauros e outras ações, promovendo o desenvolvimento do turismo ecológico.

A preocupação com o meio ambiente foi assinalada pelo zoneamento ecológico do

A implantação no rio Paraíba do ferryboat, entre Cabedelo e o município de Lucena, impulsionou o turismo no litoral paraibano, facilitando o acesso de automóveis com passageiros, o que só era possível através da Br 101

Estado, tendo em vista uma política de desenvolvimento sustentável em regiões que se desertificam como o Cariri. A área de estudos escolhida, priorizando o semi-árido, abrange 25 municípios do Cariri Oriental e Ocidental. Além disso, foram legalmente instituídas sete unidades estaduais de conservação, sendo quatro parques (Pico do Jabre, Pedra da Boca, Areia Vermelha e Mata do Xem-Xem), duas reservas ecológicas (Mata do Pau Ferro, Mata do Rio Vermelho), um monumento natural (Vale dos Dinossauros) e um Jardim Botânico (o Benjamin Maranhão, em Buraquinho).

O projeto do Jardim Botânico, instalado na Mata do Buraquinho, uma das raras reservas originais de mata Atlântica em área urbana existente no país, constitui um marco exemplar da política de preservação do governo Maranhão.

Ação social

Os programas de Ação Social do governo Maranhão tiveram proveitosa repercussão nos setores correspondentes do governo federal. Esta circunstância criada pela qualidade dos programas e capacidade de articulação da Setrass paraibana, garantiu a parceria de recursos federais e de ONGs nos projetos instituídos ou incrementados em apoio à geração de emprego, à redução do déficit alimentar das populações carentes, nos programas emergenciais de habitação, no esforço pela erradicação do trabalho infantil, na manutenção das creches e nas ações específicas da FUNDAC e do CENDAC. O CENDAC foi mencionado, na época, pela revista Veja, como uma das melhores entidades sociais em atuação no país.

A implantação do programa Pão e Leite possibilitou à população de baixa renda contar com valiosa fonte alimentar. O estímulo aos pequenos negócios melhorou a geração de renda ao mesmo tempo em que se promoveu o artesanato e a cultura popular.

9 O SENADO COMO CONSAGRAÇÃO

"Se a História se repetisse, eu me repetiria também nas posições que tomei àquela época".

A aprovação popular mais inconteste ao governo que José Maranhão acabara de realizar foi a sua eleição para o Senado. Poucos resultados na história das candidaturas a senador pela Paraíba expressaram com tanta eloqüência esse julgamento.

Alguns insucessos eleitorais de pleiteantes que se destacaram no governo ficaram incompreensíveis, como foi o caso de Ivan Bichara (1975-1978), que fizera um governo limpo, sóbrio de gastos, de ações planejadas. O quadro de funcionários, no final do seu governo, não passara de 27 mil, quadruplicado, governo a governo (114 mil), doze anos depois, conforme registro de José Octavio de A. Mello, citado por Francisco Cartaxo Rolim em seu ensaio *Do bico de pena à urna eletrônica*, Edições Bagaço. Houve traição à sua candidatura, facilitada pelo mecanismo do sistema eleitoral vigente. O instituto da sublegenda permitiu que desaguasse na votação de Humberto Lucena, menos votado, o pequeno contingente eleitoral de Bosco Barreto e Ari Ribeiro, que lhe garantiram a vitória. Vitória, ainda que produto desse jogo, que veio fazer justiça a

Atua o defensor permanente da capacitação tecnológica do país, em níveis competitivos.

uma grande vítima do sistema militar, atropelada em 1970, em sua primeira e legítima tentativa de chegar ao Senado.

A eleição para senador, na Paraíba, não costuma ser generosa com seus ex-governadores. José Américo, depois de um governo aureolado, penou derrota melancólica para Rui Carneiro. João Agripino, que fez um governo de grandes obras, foi mais prudente, não se arriscou. Muito menos Ernani Satyro, que teria no Senado o coroamento de uma representação política anterior à redemocratização de 1946.

Forjadores de candidaturas pouco vocacionadas, buscadas quase sempre nos financiadores de campanha, os governadores comumente receiam, eles mesmos, em dar esse passo temerário.

Maranhão entrou confiante na eleição de 2002, apostando na repercussão do seu trabalho. Obteve uma maioria (mais de 300 mil votos sobre o segundo colocado) na qual o eleitor deu mostras de aprovação de um período em que ficou evidente a sua intervenção na paisagem paraibana. Intervenção na vida urbana e rural, tanto no cartão postal de João Pessoa quanto nos pequenos e grandes pontos de água pintados no mapa da Paraíba. A ação do governo esteve presente no sítio mais recôndito, sem localidades diferenciadas, fosse através dos programas mais ousados,como o plano das águas ou os programas de estradas, de saúde, de escolas, ou pelo mais abrangente e menos visível dos programas, o Cooperar, de caráter nitidamente social, que saiu disseminando poços, abastecimentos de água singelos, linhas de energia no campo, Maranhão cumprindo a promessa de apagar o último candeeiro remanescente do atraso.

No Senado, não se deixou levar pelos assuntos de repercussão fácil e mais imediata. Não apareceu por aparecer.

Atuou em estrita coerência com as idéias e convicções firmadas ao longo de uma militância política engajada nos movimentos marcantes das lutas pela melhoria das condições gerais do povo brasileiro, particularmente o nordestino, e pelas liberdades democráticas suprimidas pelo regime militar. Passado meio século,o senador experiente, duas vezes deputado federal, governador reeleito do seu Estado, ocupa a tribuna parlamentar mais alta do seu país sem ver razões para considerar superadas as idéias e convicções do jovem José. Por mais que a euforia globalizante menospreze as idéias de soberania nacional, mais elas se impõem. Antes , pelos motivos expressos dramaticamente na Carta de Getúlio, hoje, como nação emergente, pelas novas formas de colonialismo. Uma delas denunciada pelo senador da Paraíba ao identificar, na defesa norte-americana do meio-ambiente, uma manobra para arrefecer a produção do etanol brasileiro.

"O Brasil precisa se debruçar sobre essa questão com mais profundidade. Precisa se livrar de certos estereótipos que vêm de fora, porque, até hoje, essas intervenções externas não nos têm trazido nada de positivo. " – é sua advertência em sessão eventualmente presidida pelo senador Cristóvão Buarque.

Referindo-se aos países de capitalismo dominante, os maiores responsáveis pelo efeito estufa, hoje disfarçados em defensores do meio-ambiente, adverte: " Nas nossas crises nunca contamos com eles. Na nossa luta para a produção e a colocação dos nossos produtos no mercado internacional, só temos tido desses países atitudes de intransigência. Eu estou falando dos subsídios que sabotam a economia brasileira. Subsídios para a indústria, para o aço americano, para tudo aquilo que de repente o Brasil possa produzir em condições competitivas. Tudo isso tem sido bloqueado por esses países de forma impiedosa."

É aparteado pelo senador Cristovão Buarque: "Eu fico muito feliz com seu discurso antiimperialista.

- Ah, eu sempre fui... – reafirma Maranhão.

- Sei, sei disso. Agora, se formos ocupar, destruir toda floresta – digo "se" porque acho que isso não é necessário – se formos destruir toda a floresta para produzir etanol, será uma forma de submissão ao colonialismo – contra-argumenta Buarque

Maranhão volta a sustentar : " Nós não estamos produzindo mais etanol do que produzíamos antes. (...) Eles estão contra a produção de etanol pelo Brasil mas não estão contra a produção de etanol pelos Estados Unidos. (...) E veja que, lá, a matéria prima utilizada é o milho... alimento de peso nacional.

Buarque: "Longe de mim defender os Estados Unidos..."

Na seqüência do discurso e das intervenções, cada um com a sua preocupação, o senador Cristóvão Buarque volta a fazer referência ao discurso antiimperialista de Maranhão: "Estou portanto totalmente de acordo com seu discurso antiimperialista"- repete.

- "Obrigado a V. Exa. que assim me sensibiliza" – devolve Maranhão, enfatizando - : "Eu sou daqueles que no regime de 64 tombaram com essa bandeira, fui cassado em 69 pelo AI-5 e digo sempre, se a história se repetisse eu me repetiria também nas posições que tomei àquela época".

Tem-se aqui apenas um flagrante das posições do senador, em coerência com o político da vida inteira, com o exportador que começou, adolescente, a tratar com os ditadores imperialistas dos preços do nosso sisal e do nosso algodão.

Ao lado do ideário nacionalista, atua o defensor permanente da capacitação tecnológica do país em níveis competitivos. Sua presença na tribuna caracterizou-se pela insistência como tratou as questões da formação científica e tecnológica dos nossos quadros , sobretudo o ensino profissionalizante.

Ganhou sentido patriótico o interesse com que decidiu acompanhar o investimento do Estado brasileiro na formação e geração de quadros científicos e tecnológicos. "É preciso investir ainda mais em ciência, pesquisa e tecnologia com o objetivo de superar o fosso que nos distancia do mundo desenvolvido". Esta a razão da PEC que apresentou visando a assegurar recursos mínimos (2% do PIB) ao ensino de pesquisa das universidades públicas brasileiras. Apresentada em 2004, a proposta de emenda foi aprovada pela Comissão de Constituição e Justiça, aguardando aprovação do plenário

Parecia falar o óbvio, quando reiterava ser um imperativo diminuir a distância que separa o Brasil das nações desenvolvidas em termos de conquista de conhecimentos científicos e tecnológicos. "É ilusório imaginar que as forças de mercado aportarão os recursos necessários para que o país atinja o grau de desenvolvimento tecnológico que o libertará da condição de eterno importador de tecnologias". E assinala a imensa riqueza que a agropecuária agregou à economia brasileira em decorrência do trabalho competente da Embrapa, o grande exemplo. Sem falar na Petrobrás, que domina a exploração de petróleo em águas profundas, realizando o sonho brasileiro da auto-suficiência em petróleo.

Lamentou o corte de recursos que resultavam da contribuição das empresas da área de petróleo e eletricidade para financiamento de projetos de desenvolvimento científico e tecnológico, sobretudo os confiados a universidades e instituições de pesquisa. "É triste que isto esteja acontecendo."

O fato de integrar a base aliada do governo não fechou seus olhos a erros como o da retração de investimentos em saneamento básico e na área de saúde. Alertou o Senado sobre o déficit atingido nesses setores, que chegava à casa dos R\$ 278 bilhões. "Não posso ver com olhos de complacência o que está acontecendo com setores fundamentais, estratégicos da vida nacional. Estranhava que, para investir R\$ 3 bilhões de seus próprios recursos em saneamento básico, o governo brasileiro precisasse contar com a aprovação do Fundo Monetário Internacional.

Do mesmo modo não contemporizou com o governo, quando viu a exclusão da Paraíba do traçado da Transnordestina.

Volta a recair no nacionalismo diante da euforia exportadora dos nossos produtos primários. "O Brasil repete situações anteriores. Não consegue agregar valores da tecnologia

moderna e da industrialização a seus produtos primários e fica submetido à tirania dos mercados internacionais". E recorda, enfático: "É uma história do passado, aconteceu com a borracha, com o algodão e o sisal da minha Paraíba. É o resultado desse feito de hoje, o corte de 60% dos recursos destinados à ciência e à tecnologia. Algo que desanima".

A presença de Maranhão no Senado, nestes seis anos, se não foi diária, conformou-lhe esse perfil.

Foi dos mais veementes defensores da Transposição do São Francisco e não poderia ser de outra forma. No governo da Paraíba, adotando o Plano das Águas, tornou-se precursor da experiência de integração de bacias, os sistemas adutores transpondo águas de mananciais de boa acumulação para os aglomerados humanos mais carentes.

Poucos souberam analisar com mais conhecimento e experiência a situação crítica, caótica, a que se reduziu a aviação civil brasileira. Criticou o contingenciamento de recursos destinados à proteção e segurança de vôo, o descaso crônico nos investimentos, sendo ouvido por todos como voz autorizada no tratamento do assunto.

Quando foi à tribuna para comunicar a iniciativa de um pequeno município da Paraíba, Mataraca, em instalar um parque eólico para a produção de energia limpa e renovável, recebeu a adesão, para o assunto, do senador Delcídio Amaral (PT-MS), que o enriqueceu de informações técnicas que mais recomendam o incremento ao programa em termos nacionais. Lembrou-se de uma particularidade: "Quando chove pouco no Sudeste, venta muito no Nordeste. Então, esse segmento da matriz energética inevitavelmente crescerá no país". E conclui sua intervenção no calor de palavras que pareceram sinceras: "Muito obrigado, senador José Maranhão. Congratulo-me com o povo da Paraíba, o prefeito de Mataraca e V. Exa., que representa com dignidade e honra o povo paraibano".

Numa hora crítica aprontada pela crise do capitalismo mundial, quando o governo brasileiro se viu na contingência de selecionar investimentos prioritários e cortar gastos, recorreu ao comedimento confiável do senador paraibano, convocando-o para presidir a Comissão de Orçamento. Missão de sacrifício, nada simpática. O perfil do gestor público responsável, que se consolidou nos sete anos de governo da Paraíba, influiu decerto nessa escolha.

O senador Maranhão preside a Comissão de Orçamento, com a firmeza e o equilibrio que o caracterizam.

10 A VOCAÇÃO PARA O EXECUTIVO

*O seu discurso de 2006 estava escrito
em obras, mais do que em palavras*

Um mandato de senador obtido com votação consagradora representaria, na compreensão comum, o coroamento de uma carreira política de absoluto sucesso. Ainda mais com a conquista da presidência da Comissão de Orçamento, garantindo ao Senador destaque e prestígio em âmbito nacional. Que mais poderia almejar um político em sua longa trajetória de múltiplas e bem sucedidas experiências?

Seria esta a análise de quem não considerasse a personalidade combativa de José Maranhão e sua vocação empreendedora, sempre em busca de novos desafios.

Poucos deixariam a convivência do Senado, em circunstância tão confortável, para se lançar aos embates e incertezas de uma campanha política. Mesmo com o favoritismo de mais de 70% nas pesquisas, é uma decisão que somente motivos de ordem mais elevada poderiam justificar.

José Maranhão não hesitou em submeter seu nome a novo julgamento popular, objetivando governar a Paraíba mais uma vez. Era, sem dúvida, o nome de eleição do seu partido e a sua volta um anseio popular.

Campanha 2006 - Uma vitória restabelecida pela Justiça.

Tinha a sua administração aprovada pela opinião geral e pelas lideranças dos mais diversos segmentos e regiões. No entanto, o apelo mais forte vinha do eu interior, era o chamado para a ação resolutiva que sempre o mobilizou. Era a vocação para o Executivo que se sobrepunha a todos os motivos.

Dando continuidade ao mandato de Mariz, ele surpreendeu aos que não o conheciam, não apenas pela lealdade ao companheiro de ideal, mas pela capacidade de tomar decisões, de executar o projeto que ajudou a elaborar.

Ao concluir o segundo mandato, ganhou a identificação popular de "mestre de obras", imagem amplamente difundida em referência a sua natural simplicidade e à grande reserva de energia que ele sabe converter em resultados práticos para cumprimento das prioridades estabelecidas.

Mas o projeto de desenvolvimento sustentável que embasou as grandes ações do seu governo estava abandonado pelo sucessor, na descontinuidade administrativa que gera o enorme desperdício dos recursos públicos, numa atitude retrógrada e irresponsável, pois o prejuízo recai sobre as populações carentes, penalizadas com a falta de tudo.

Para o homem de ação, aí se encontrava o grande desafio: "a reconstrução de um Estado que, como se via, fora entregue ao abandono", assim a crônica política registrou.

Era inaceitável para o administrador que tratou o bem público com visão empresarial, economizando nas despesas para que as populações tivessem maior lucro nos serviços prestados, assistir impassível ao desperdício de obras estruturais, como o Canal da Redenção, com potencial para transformar aquela área do sertão em centro produtor de frutas e hortaliças, criando para os agricultores uma próspera realidade econômica e social.

E como suportar o descaso com a área da saúde, a mais carente e de repercussão devastadora no sofrimento dos menos favorecidos? Esse descaso se revelava na deterioração a que estava submetida a rede de hospitais, cuja construção foi iniciada no governo Maranhão II. Alguns concluídos, outros em fase de acabamento, muitos bem adiantados, mas todos destinados à ruína.

Maranhão não teve dúvida de que, entre o Senado e o Governo da Paraíba, era aqui que se fazia mais urgente a sua presença.

Para o confronto com Cássio Cunha Lima, que disputava a campanha permanecendo no governo, o grande argumento de Maranhão era comparar as ações administrativas. O seu discurso para 2006 estava escrito em obras, mais do que em palavras.

Licenciado do Senado, se lança à campanha com o slogan: Paraíba de Futuro. Expressão corrente na linguagem popular, de fácil apreensão em sua mensagem, contrapondo-se, naturalmente por associação de idéias, ao governo "sem futuro" que era preciso combater.

Uma forte coligação político-partidária constituída pelo PMDB, PT, PSB, PC do B e PRB representava sua base de sustentação, com destaque para o PT, de cuja legenda foi indicado o vice, Luciano Cartaxo. Expoentes nacionais do partido, como o presidente Lula, Gilberto Carvalho e Dilma Roussef enxergaram nessa composição a perspectiva da vitória, a parceria em futuros projetos administrativos e a promessa de novas alianças.

Pessoas de alto nível intelectual, da maior confiança de José Maranhão, afastaram-se de suas atividades particulares para o engajamento na luta, em nome da retomada do desenvolvimento da Paraíba.

O professor Sales Gaudêncio assumiu a coordenação da campanha. E um corpo jurídico da melhor qualificação, constituído por Roosevelt Vita, Marcelo Weick, José Ricardo Porto, Assis Almeida, Edísio Souto e Elson Carvalho era a consultoria que dava ao candidato a certeza quanto aos limites da legalidade, dos quais não se afastaria em seu compromisso ético, nem permitiria que o adversário os ultrapassasse impunemente.

Contra o discurso fornecido pela imagem das obras realizadas ou de programas que se completavam segundo uma concepção coerente de desenvolvimento social e econômico, os seguidores de Cássio Cunha Lima reagiram com uma ostensiva demonstração de força, refletida em carreatas produzidas como espetáculos. Especialmente João Pessoa, onde o ex-governador consolidara o melhor índice de aceitação, foi coberta pela onda de verdadeiros arrastões.

José Maranhão e Luciano Cartaxo no calor da campanha

De forma surpreendente, "o candidato que se impôs no cenário político pela biografia de seriedade", como escreveu Nonato Guedes, parecia atropelado pela estratégia massificada dos adversários encastelados no poder.

Não tardou para que entrassem em cena os bastidores da campanha de Cássio Cunha Lima através de flagrantes que indicavam a utilização indevida da máquina pública e dos programas sociais do Governo na propaganda eleitoral e na compra de votos.

Primeiro veio a distribuição de 35.000 (trinta e cinco mil) cheques da Fundação de Assistência Comunitária – FAC, sem previsão legal, sem lei orçamentária, resultando numa entrega indiscriminada. A este ilícito, somou-se a utilização da cor verde, da campanha do candidato, nos prédios públicos e o envolvimento de A União com grandes tiragens, visivelmente destinadas à campanha governista. Foi tão absurdo o uso da imprensa oficial do Estado que, na véspera da eleição, chegou a ser divulgada uma pesquisa apontando a vitória de Cássio Cunha Lima.

No segundo turno, vieram novos fatos, com grande cobertura da mídia, inclusive nacional. A apreensão, pela Polícia Rodoviária Federal, dos chamados "envelopes amarelos", contendo R$ 45.000,00 (quarenta e cinco mil reais) endereçados a cabos eleitorais e conduzidos por servidor público, em automóvel de uso do Estado.

O acontecimento de maior repercussão foi o que apareceu na mídia como o "dinheiro voador", jogado de uma das varandas do Edifício Concorde. Eram, aproximadamente, R$ 500.000,00 (quinhentos mil reais) junto com contas de luz e camisas da campanha do governador.

No segundo turno, pela diferença de 52.833 votos, Maranhão perde a campanha com a certeza de que o acúmulo de tantos ilícitos eleitorais teve o potencial de influir decisivamente no resultado. Por isso, após ouvir a coordenação da campanha e o conselho de advogados que lhe prestava assessoria, concede uma coletiva à imprensa não reconhecendo a legitimidade do pleito e do mandato de Cássio Cunha Lima.

Exemplo para o Brasil

Com todas as provas disponíveis, o bom direito a ser defendido e a obstinação que o caracteriza, José Maranhão não deu sossego ao adversário.

Foram muitas as ações impetradas, ao longo e após o período eleitoral. Em todas, o Ministério Público se pronunciou favorável à cassação do governador Cássio Cunha Lima, tanto no TRE da Paraíba, quanto no Tribunal Superior Eleitoral, através do Procurador da República José Guilherme Ferraz da Costa, com assento no TRE-PB e do sub-Procurador Geral da República, Francisco Xavier Pinheiro Filho, com assento no TSE.

Pode-se concluir que a ação impetrada contra a distribuição de cheques pela FAC foi suficiente para garantir a José Maranhão o mandato que a utilização abusiva do poder lhe havia usurpado.

Julgada pelo TRE-PB, em julho de 2007, resultou na cassação do governador por 5 votos a 1. Em 16 de outubro do mesmo ano são julgados os embargos de declaração, sendo confirmado o resultado. A corte eleitoral era composta pelos desembargadores Jorge Nóbrega e Abraham Lincoln; pelos juízes Carlos Eduardo Leite Lisboa (relator), João Benedito

da Silva e Alexandre Targino; pelos advogados Nadir Valengo (revisor) e Renan Neves, única divergência no resultado do julgamento.

Foi a primeira vez na História do Brasil que um Tribunal Regional Eleitoral cassou um governador por ilícitos praticados durante o pleito.

Após sucessivos recursos de embargos de declaração, finalmente o processo chega à instância superior. E, em novembro de 2008, o TSE, acatando os fundamentos utilizados pelo TRE-PB, confirma por unanimidade a cassação do Governador da Paraíba. A Corte Superior era composta pelos ministros Eros Grau (relator), Felix Fischer, Fernando Gonçalves, Marcelo Ribeiro, Arnaldo Versiani, Joaquim Barbosa e Carlos Ayres Britto (presidente).

Mas Cássio consegue uma liminar que suspende os efeitos da cassação, até o julgamento dos embargos, permitindo-lhe aguardar no Governo a decisão definitiva.

Finalmente, em 17 de fevereiro de 2009, após exaustiva análise do processo, provocada pelo pedido de vistas do Ministro Versiani, o TSE cassa o mandato de Cássio Cunha Lima por decisão unânime, proclamada, ao final, com a lição de sentido histórico destas palavras do ministro-presidente do TSE Carlos Ayres Britto:

"A Corte decidiu e até por unanimidade que houve uso indevido de recursos públicos, ou seja, houve conduta vedada em uma linguagem técnica. E essa conduta vedada traduzida na distribuição de cerca de 35 mil cheques nominais sem que o programa de distribuição de cheques constasse de lei para implementar o Fundo de Combate à Pobreza. Então, é a lição que fica: não basta ganhar uma eleição, é preciso ganhar a eleição em um esquadro legal, observando os parâmetros da Constituição".

Em seguida, é determinada a posse imediata de José Maranhão no Governo do Estado da Paraíba.

A PARAÍBA REENCONTRADA

" Vamos reconstruir o Estado com um governo de paz e união" - Mãos à obra.

Anunciada a decisão do Tribunal Superior Eleitoral, que o senador José Maranhão acompanhou, em Brasília, ao lado de familiares e aliados, sua reação imediata foi mais de preocupação que de euforia, mesmo vivendo o coroamento de uma luta judicial de mais de dois anos.

Preocupação pelo rumo que tomara a Paraíba que o seu governo organizara e construíra ao longo de sete anos, segundo um plano sustentável de desenvolvimento e, preocupação mais imediata pelo comportamento dos que estavam sendo desarraigados do comando do governo estadual. Um dia antes da cassação, faltando quinze dias ainda para completar o mês, o governo cassado pagava a folha inteira do funcionalismo, beneficiando indevidamente os que deixavam os cargos de confiança. A imprensa fazia o reparo: "Um suposto presente concedido pelo governador Cássio Cunha Lima, nos estertores do seu mandato, aos servidores estaduais – a antecipação de salários – guarda uma tremenda

Recebendo o diploma das mãos do Presidente Nilo Ramalho, com o sorriso da dupla vitória: política e jurídica

imoralidade (...) é o pagamento do mês integral aos secretários e demais integrantes de cargos comissionados, que certamente deixarão seus cargos com a posse do novo governador" – (Correio da Paraíba).

Sinal de que era realmente preocupante o que viria depois, não a ponto de quebrantar o ânimo sereno e obstinado de quem dedicara a militância de toda uma vida política a serviço do seu Estado: "Vamos reconstruir o Estado com um governo de paz e união"- foi a promessa de palavras simples que não dizem mais que o necessário.

Previu o que viria encontrar: "Naturalmente vamos ter problemas de incompreensão de algum parlamentar impactado pelos efeitos da decisão, mas apelo para que o bom senso dos deputados, que são deputados do povo e têm a obrigação de se entender com o governante em nome dos interesses gerais, fique acima dos interesses partidários e pessoais.

"Não seria justo, neste momento, que alguém do lado adversário estivesse querendo impor dificuldades a uma administração que se instalará movida dos melhores propósitos" – foi seu apelo.

Nesse mesmo tempo o deputado Artur Cunha Lima, presidente da Assembléia Legislativa, convocava o setor jurídico da Casa para recorrer ao Supremo Tribunal Federal, postulando eleição indireta para os cargos vagos pela cassação. Apoiava-se na interpretação dos ministros Arnaldo Versiani e Felix Fischer, invocada no Art. 81 da Constituição Federal, os quais, tendo votado pela cassação, defenderam eleições indiretas pela Assembléia para o preenchimento das vagas.

Enquanto o presidente do Tribunal Regional Eleitoral, desembargador Nilo Ramalho, atento à comunicação da Corte de Brasília, anunciava sessão extraordinária do Pleno logo às 10 horas do dia 18 para a diplomação, o presidente da Assembléia dispunha-se a só proceder à posse depois que recebesse a notificação da Justiça Eleitoral. A comunicação do TSE havia chegado por ofício, via telex, na noite mesma da decisão.

Recebido por uma multidão vitoriosa no aeroporto Castro Pinto, o senador sai em carreata para a diplomação, no TRE. Lá o aguardavam a presidência, o pleno e o regozijo dos que acompanharam a sua inabalável confiança na decisão da Justiça.

A posse na Assembléia, prevista para as 16 horas, somente às 18,15h pôde ser iniciada. Na praça, em frente à sede do Legislativo, a multidão começou a se formar e se adensar cedo da tarde. O Palácio ao lado não dava sinais do ato para o qual, secularmente, tem sido o grande palco: o portão principal cerrado, todas as janelas fechadas. O povo, ao largo, estranhando. A festa vestida de vermelho

que se concentrava nas escadas da Casa de Epitácio espalhava-se lá atrás com alguns olhares de apreensão. Onde estavam as honras do estilo?

O cenário não passa em branco nos jornais, com um dos quais fica a descrição:

"Tumultos, portas fechadas, ausência de organização. Esse foi o cenário encontrado pelo governador José Maranhão (PMDB) e o vice-governador Luciano Cartaxo (PT) ao chegarem ao Palácio da Redenção na noite de ontem para a cerimônia de transmissão de cargo. A forma como o processo se consolidou foi o retrato da falta de compromisso institucional para o cumprimento de uma determinação judicial" – é o texto de Marly Lúcio, repórter do jornal, que dá outros passos do que deveria ser uma solenidade: "Maranhão seguiu para o Palácio logo após ser empossado na Assembléia Legislativa pelo vice-presidente da Casa, deputado Ricardo Marcelo. O protocolo estabelece que o novo governador receba oficialmente do antigo gestor a condição de administrador do Estado. Tal procedimento deveria ser feito pelo presidente da Assembléia, Arthur Cunha Lima (PSDB), que respondia interinamente como governador do Estado, após o então governador Cássio Cunha Lima (PSDB) ter sido retirado do cargo. (...) No entanto, Arthur Cunha Lima não estava presente no lugar, que tampouco contou com o trabalho da equipe de cerimonial do Palácio da Redenção e da Polícia Militar, para fazer a segurança e organizar a entrada dos presentes ao imóvel. (...) A multidão que aguardava José Maranhão e Luciano Cartaxo saírem da Assembléia Legislativa acompanhou os novos gestores no trajeto e todos tentaram entrar ao mesmo tempo no Palácio, que estava de portas fechadas. Houve tumulto, mas o governador conseguiu entrar na sede do Poder Executivo Estadual. Como não houve transmissão formal do cargo , José Maranhão assinou apenas o termo de investidura e logo em seguida discursou da sacada do Palácio".

A posse na Assembléia, momentos antes, também não foi pacífica. O registro da imprensa é de que esteve ameaçada de não acontecer devido a ausência do sistema de som no plenário. Os encarregados haviam recebido ordens de manter os microfones e os aparelhos de ar condicionado desligados. Foi preciso o deputado Ricardo Marcelo (PSDB), substituto do presidente, mandar arrombar a porta que dá acesso à sala de controle para que o som e a refrigeração fossem restabelecidos.

O novo governador, acompanhado da esposa e do vice, Luciano Cartaxo (PT), chegaram à Assembléia às 18 horas para uma cerimônia que só veio acontecer 40 minutos depois. A solenidade foi presidida pelo deputado Ricardo Marcelo (PT) e secretariada pela deputada Iraê Lucena (PMDB). Participaram da mesa o prefeito Ricardo Coutinho, de João Pessoa (PSB), o prefeito de Campina Grande, Veneziano Vital do Rego (PMDB); os deputados federais Manuel Junior (PSB) e Wilson Santiago (PMDB); o presidente da Câmara Municipal da Capital, vereador Durval Ferreira (PP) e a procuradora geral de Justiça, Janete Ismael. Da oposição, apenas o deputado Nivaldo Manuel, presente no plenário até o fim. Os deputados Carlos Batinga (PSB), Olenka Maranhão (PMDB), Rodrigo Soares (PT) e Ranieri Paulino (PMDB) são destacados para receber o governador e o vice e conduzi-los à mesa solene. O plenário é pequeno para as manifestações, que mais cresceram pelas duras circunstâncias da volta e pelo seu ineditismo na vida republicana da Paraíba: Maranhão é o primeiro a receber o mandato de governador pela terceira vez. A primeira, na sucessão de Antônio Mariz; a segunda, pelo seu desempenho como vice e na plena titularidade do cargo; a terceira, como coroamento dos seus sete anos de operosidade, oportunidade usurpada na campanha e agora resgatada em todas as instâncias da Justiça.

Precedendo a cerimônia do juramento constitucional e a assinatura do livro de posse, Maranhão apresenta sua renúncia ao mandato de senador, cuja legislatura (a 53ª) se estende até 31 de janeiro de 2011.

Em seu discurso, começou dizendo que gostaria de ter uma posse na rua, sob o testemunho de todo o povo, mas tinha que cumprir o regimento da Assembléia.

Considerou singular o momento que vivia, traduzindo muito mais que a posse de um governador, porquanto uma conquista e "uma vitória em grau superlativo da Justiça que por sua autoridade, restaurou a legítima vontade do eleitor e a esperança do povo paraibano."

Ressaltou a autenticidade do voto dos que o apoiaram na eleição de 2006: - "O mandato, antes de ser legitimado pelo Poder Judiciário, recebeu do povo os milhares de votos sem opressão, sem suborno e, por que não dizer, sem compra de voto"

Não conteve a veemência: "A Paraíba foi submetida a uma apatia administrativa sem precedentes em sua história, por mais de dois anos imperando a vaidade, a inexperiência, a intolerância, o apadrinhamento, a perseguição, a falta de seriedade e de responsabilidade na administração da coisa pública. Os cofres públicos se escancararam ao compadrio coronelista, aos favores legítimos e ilegítimos. Se não bastassem os quatro anos de um mandato conseguido por meio da manipulação da mídia eletrônica, ainda foi penalizada por mais de dois anos pelo golpe da usurpação do poder".

A Saúde e a Segurança abriram o discurso da retomada: "Serão prioridades imediatas, necessitam de ações emergenciais, com o Estado, na área de Saúde, voltando a manter o percentual constitucional de 12%. Tinha em vista os hospitais abandonados pela gestão anterior, reclamados nas ruas, e parte do desmonte constatado pela "Caravana da reconstrução", formada meses antes para denunciar a paralisação das obras e serviços que materializavam as diretrizes de 1996/2010. Mais do que um plano de gestão, um plano de Estado

O discurso, já no final, foi cortado pelo telefonema de parabéns do presidente Luiz Inácio Lula da Silva, cuja ligação, colocada em viva-voz, pôde ser compartilhada por todos na Assembléia. No seu jeito informal, o presidente pôs o governo federal à disposição da Paraíba: "O que precisar pode contar comigo, governador".

Mãos à obra

Restituída a Maranhão a confiança que seu governo conquistara, não lhe era restituído o tempo perdido. Um tempo que não interrompeu somente a continuidade de um plano de desenvolvimento de Estado como prejudicara a sustentabilidade e a produção dos seus resultados.

Ele acompanhara tudo isto e pôde conferir o abandono de obras e serviços fundamentais, custeados com os dinheiros públicos e estigmatizados por divergência de prioridade ou, o que será pior, por identificarem a marca do seu governo.

Sem levar em conta a crise financeira que prejudicou todas as economias, afetando, no nosso caso, as transferências de recursos do governo da União e, particularmente, a capacidade de arrecadação fiscal do Estado, a providência inicial foi promover o ordenamento institucional com a preocupação de retomar obras inacabadas, sobretudo as da área da Saúde, da Educação e da Segurança.

Para suprir a queda de arrecadação, contratou empréstimo junto ao BNDES da ordem de R$ 191 milhões como contrapartida para a execução do plano de reconstrução. O pagamento do funcionalismo recobrou a regularidade e a certeza incorporadas ao comportamento da classe durante os seus sete anos. E saiu em busca de mais recursos junto a instituições nacionais e internacionais para aplicação em setores prioritários como o projeto Cooperar, as ações na Segurança, no saneamento, na urbanização de cidades-polos, nos recursos hídricos e irrigação, agora com vistas à perspectiva de transposição das águas do São Francisco.

O reaparelhamento do Hospital de Trauma já começa a colocá-lo na perspectiva de hospital de referência, como foi implantado e oferecido nos primeiros anos de funcionamento.

O Arlinda Marques, hospital infantil, logo se transformou em centro capacitado para a realização de cirurgias complexas, inclusive cardíacas, suprimindo-se os gastos exorbitantes com o aluguel de aviões para transportar crianças cardiopatas.

O Instituto de Assistência à Saúde do Servidor – IASS, antigo Ipep, está sendo restituído, logos nos primeiros meses do novo governo, com a restauração de serviços eficientes, reimplantação de outros como o setor odontológico com 12 novas especialidades, a Fisioterapia, laboratórios, unidade de diabetes, novos convênios e ampliação do atendimento médico nas áreas de maior demanda.

A Paraíba volta a transformar-se outra vez num canteiro de obras. Retoma o compromisso com um projeto de desenvolvimento que não foi concebido apenas para uma gestão, mas para atender as demandas sócio-econômicas de um Estado em defasagem com os indicadores da própria região Nordeste.

O governador José Maranhão recebe da esposa a faixa simbólica

12 ATITUDES E AFETOS

*Aprendeu a se conter, a ser mais forte
do que as circunstâncias.*

Não precisa ser um bom psicólogo para notar que Maranhão é um homem contido em suas expansões. Falando de sua entrada bem jovem na Assembléia, não lhe sai da lembrança o medo de errar. Esse receio, que se confunde com uma severa noção de responsabilidade, deve embargar seus gestos e até seus passos, enquanto não lhe surge, apurada, a decisão. Poderia dizer-se o impulso, mas aprendeu a ser mais forte que a circunstância.

Foi assim na cassação, de 1969, quando se programou para voltar por cima, vitorioso.

A noite de 21 de março de 1998, no Clube Campestre, revela esse autodomínio. Maranhão fôra levar à festa de aniversário de Ronaldo Cunha Lima, companheiro de partido, no seio do qual emulavam em liderança, algumas ordens de serviço destinadas a Campina Grande. Comemoração em palco armado diante de grande público. Relevadas as divergências, era o seu presente ao aniversariante. A reação do homenageado foi de uma intempestividade – esta a expressão da melhor crônica

política – que causou espanto a membros de sua própria família. Ronaldo grita de dedo em riste, face a face com o governador, ameaçando que lhe arrebataria o governo, se contrariasse as suas expectativas.

Maranhão recebeu tudo em contido silêncio, olhando nos olhos do desafiante, a Paraíba dentro e fora da cena, compreendendo, pasma, a mudez altiva do conviva provocado.

O gesto insólito do companheiro de partido deixava claro que a liderança de Maranhão muito o incomodava.

No 24 de maio seguinte, a disputa pela direção regional do partido vinha colocá-los frente à frente no processo da Convenção. Duas forças nascidas e geradas nas lutas contra o arbítrio e pelas reconquistas democráticas tão fervorosamente desejadas. Lideranças que resistiram unidas, agora iam se dilacerar. Eram denúncias de compra de votos de lado a lado, oferta de vantagens, impugnações, insultos, a Convenção ocupando o interesse do meio político e as sucessivas manchetes dos jornais.

Haroldo Coutinho de Lucena, irmão do saudoso Humberto Lucena, legendário expoente do PMDB, do lado de Maranhão; e Ronaldo Cunha Lima, do outro. Na véspera, pelas previsões dos concorrentes, ambos iriam ganhar com vantagem nunca inferior

O sorriso de D. Yayá é a certeza de que o filho querido, chegando ao mais alto cargo no Estado, não se distanciou do seu afeto.

A casa do parque Solon de Lucena, em João Pessoa, relíquia de família.

a cem votos. Afinal, eram remanescentes de dez anos de poder. No dia seguinte, feita a apuração, o candidato de Maranhão ganha por seis votos. "Vitória é vitória", desabafa o futuro candidato à reeleição...

Há horas em que a vontade é de voar, de correr livre desses tentáculos criados e crescidos na batalha da vida e dos embates políticos. Chega a vez de pretextar uma pilotagem de avião sobre a beira-mar só para levar, distante, o presente de um gatinho angorá prometido a uma pessoa querida. Então aparece o homem sensível que ele nem sempre consegue esconder.

O que é capaz de compadecer-se de uma criança atingida pelo câncer, trazê-la do ermo em que se encontrava para a própria casa e enfrentar ao seu lado a luta contra a doença, até vencer. Raelson Hipólito, na alegria saudável dos seus nove anos, é o testemunho vivo dessa história que, sozinha, define um caráter.

No grande coração de Seu Beja, amplos espaços sempre estiveram reservados para a solidariedade com os semelhantes e a dedicação extrema à família.

As atitudes do filho comprovam a força do exemplo. Os mesmos valores preservados, como uma herança moral.

D. Yayá, que temia vê-lo solto de bicicleta, que entregava a Deus o comando do avião pilotado pelo filho, sofreu as mesmas apreensões ao vê-lo nas asas da política.

A política separa, rouba da família o seu militante, divide os corações e a cidade. Pior ainda, obriga a abraçar aquele em quem não confiamos. E a maior beleza de D. Yayá - via-se pelos seus olhos, pela franqueza do seu rosto – estava na sinceridade. Sempre foi sincera em suas relações e efusões. Efusões também contidas, guardadas do rosto para dentro. Entregava a alma a quem merecesse o seu carinho. Mas não sabia dissimular com os falsos, com os falhos de confiança.

Via o marido, um obstinado pelo trabalho, que sempre arranjava jeito de servir, de sacrificar tempo e recursos para fazer por Araruna muita coisa que o poder público negligenciava. A maternidade do município foi um exemplo. E por muitos anos, quando faltavam coletivos em Araruna, os seus caminhões e carros particulares eram o transporte do povo. Admirado por todos, todos tirando o chapéu à sua passagem, vê amigos transformados em adversários sob a lei da política.

Que triunfo compensaria tudo isso? Só os predestinados têm resposta. O interesse público, somente o interesse público – repetiu, à vida inteira, José Américo.

No íntimo, no estreito domínio de sua casa, educando seus filhos, cuidando do seu jardim e de seus bichinhos de estimação, não era fácil D. Yayá aceitar serenamente esse prêmio nebuloso da política. Havia outras formas cristãs de fazer o bem, de ajudar o próximo. Calava-lhe fundo a experiência de alguns dos seus ancestrais.

Ao ver o filho cassado pela ditadura, apoiado e encorajado pelo pai, família e amigos, D. Yayá se uniu forte a essa solidariedade, mas curtindo, lá dentro, o sentimento de quem via o filho restituído ao aconchego da convivência doméstica.

Ele sempre foi amantíssimo. Sempre reconheceu que, ao lado da força que lhe dava o pai, estavam os ternos olhos maternos sempre atentos que o acompanhavam. De onde viesse trazia um mimo, um presente, uma muda de rosa que lhe atestasse a lembrança. Ela não precisava, mas ele não faltava. Sempre achava um sapato especial ou uma sandália macia e confortável que lhe deixasse os pés bem acomodados.

A convivência estreita com as irmãs e sobrinhos também se caracteriza pelo devotamento. Tio Zé é uma referência obrigatória, mesmo nas decisões pessoais.

Olenka e Benjamim, os filhos de Wilma, são a nova geração política.

Magda, Marconi e Mirabeau seguiram outra direção de vida. Mirabeau, médico e empresário. Magda, auditora federal concursada. Era este o sonho de Carmésia: que seus filhos tivessem vôo próprio, independente da política. Tal como decidiu para si mesma: ser professora universitária e, depois, empresária.

Fátima e Maranhão num instante de descontração e afago.

Essa independência não significa ausência no projeto político. Em todos os momentos de luta, o núcleo Maranhão-Ferreira Leite tem sido decisivo. Basta lembrar o papel de Carmésia na convenção que garantiu o segundo mandato de governador.

Muito cedo a família perdeu Everaldo, o irmão de outro temperamento, de um belo porte físico, que poderia ter sido a grande parceria de Maranhão. Mas Carmésia e Wilma, formadas, casadas, lhe deram sobrinhos para a continuidade do afeto, e nunca deixaram que o casamento e a doação aos filhos as dispersassem da primitiva fonte de ternura.

Nos momentos de adversidade, é para elas que Maranhão tem recorrido. E não deve ser de graça que mantêm, intocáveis, como bem de estimação, todas as casas que

lhes serviram de lar. A da fazenda Jardim, a da cidade de Araruna e a do Parque Solon de Lucena. Continuam como Seu Beja e D. Yayá as construíram e mantiveram.

Íris, a irmã caçula, residindo com o irmão e Fátima, recebe da família uma cuidadosa atenção.

A força de coesão que mantém tão fortes os laços do clã originado por seu Beja e D. Yayá torna-se uma característica do homem público José Maranhão.

Durante os dois primeiros mandatos de governador, a presença e participação constantes das irmãs, do cunhado, desembargador Geraldo Ferreira Leite, e dos sobrinhos e sobrinhas, na Granja Santana, deixavam claro que a família era o seu porto seguro.

Mesmo assim, a residência oficial do governador sugeria tão somente o ambiente de trabalho. Eram a penas os despachos,

os encontros políticos que lhe davam vida e movimento.

Terminado o expediente, encerrados "os elevados protestos de estima e consideração", restava para José Maranhão o silêncio dos amplos espaços vazios.

Ele não era, nunca foi, de se dissipar nas mesas de uísque, ainda que nos ambientes familiares e amigos. E mais que se nutrisse dos seus sonhos, por mais projetos de que fosse capaz, faltava-lhe um lar.

Ele o constituíra anos atrás, a partir de um longo processo de convivência em que dividiu com Fátima bons e maus momentos. Era cassado, quando a conheceu. Estava no segundo mandato de deputado federal, quando se casaram. Viveram juntos a alegria de ver crescer

Confraternização com as famílias das irmãs: à direita de Maranhão, Olenka, Benjamin, Wilma e Mirabeau; à esquerda, Larissa, Carmésia, Magda e o desembargador Geraldo Leite.

a primeira filha. Sofreram juntos a morte de seus familiares mais queridos: D. Maria Alice Bezerra Cavalcanti e seu Beja. Houve o divórcio. E foi a dor da partida de D. Yayá que voltou a aproximá-los. O tempo amadureceu os temperamentos, dando a ambos outra visão de mundo, para concluírem importantes projetos de vida que haviam ficado inacabados.

Agora, o senador encontra a casa repleta. Não dos passos açodados do poder, dos convivas de papéis e despachos, mas de presenças e vozes que nele despertam cuidado e ternura.

É acordado nas madrugadas para atender ao filho que tem febre. É interrompido, em sua conversa com amigos, pela algazarra das crianças. A caçula o quer na piscina. O garoto lhe pede ajuda para consertar o freio da bicicleta. A mais velha, mais tranqüila, lhe dá "dicas" de informática e pede orientação em assuntos de direito.

É um novo capítulo na história de um homem cuja vida parecia destinada, com exclusividade, ao mundo dos negócios e da política, onde se fez tantas vezes vencedor.

Em aniversário comemorado na igreja de Nossa Senhora de Fátima, no Miramar, dia 6 de setembro de 2005, Maranhão foi surpreendido pela tocante mensagem da filha Alicinha. Era um culto ecumênico celebrado pelo diácono Eduardo Henrique Valentim de Souza e Padre José Carlos Ferreira Serafin, da paróquia de Miramar; padre Nilson Nunes da Silva, pároco de Araruna; pastor Arno Eller, da igreja Luterana Conic; Mons. Ednaldo Araújo dos Santos, da Paróquia do Valentina Figueiredo e pastor João Pereira Gomes, da Igreja Batista de Manaíra.

Maranhão quando senador, ladeado pelos celebrantes do culto ecumênico em ação de graças pela passagem de seu aniversário.

E ali, cercado de familiares, representantes de várias igrejas cristãs, amigos e correligionários, o senador ouviu, sem esconder a emoção, as palavras que a sua primogênita lhe dirigiu, em tom de oração, visivelmente inspiradas no Eclesiastes:

"Tudo tem seu tempo determinado. Tempo de chorar, tempo de abraçar, tempo de esperar. (...) E Deus, que tem um propósito para tudo debaixo do céu, constrói a sua família de uma forma toda especial e sublime. Hoje somos três a chamá-lo de pai, a receber sua bênção: Letícia, Leo e eu. Cada um de nós com a sua história e todos três fazendo parte de uma única história, a do homem bom e sábio chamado José Maranhão."

A casa da fazenda, projetada e construída por Maranhão, é o cenário para as suas cavalgadas ao lado do filho, atraído pelo exemplo do pai à vida campestre.

Restava ao governador José Maranhão o silêncio dos amplos espaços vazios.

Maranhão, abraçado à pequena Letícia, tendo ao lado a esposa e Leo. Em pé, Alicinha e Felipe. ▶

13 OPINIÃO

"Todos os grandes estados, em qualquer tempo, são isto: nacionais e soberanos".

"Nunca mudei o meu estilo de vida, a forma de me relacionar com as pessoas. Deus me poupou do sentimento de deslumbramento, sempre tive dentro de mim um freio que dizia assim: olha, você está com a cabeça um tan-

to levantada. Essa voz interior sempre foi um censor muito forte."

· · ·

"Cheguei muito jovem à Assembléia, era o mais jovem de todos. Isso me levava a ter medo de errar, a exercer uma auto-censura muito forte. Era o receio de fazer alguma coisa que não fosse correta, porque me faltava experiência; e depois, o medo de parecer arrogante."

· · ·

"Uma figura que passei a admirar no plenário daquele tempo, ele bem mais velho e eu bem mais jovem: o deputado Jacob Frantz. Grande figura, bom parlamentar, de pensamento nacionalista. Eu também era nacionalista, atraído pela figura carismática de Getúlio."

· · ·

"Getúlio simbolizava o nacionalismo brasileiro e eu fui daqueles que saíram às ruas para brigar pelos grandes projetos nacionais, o petróleo é nosso, a grande siderurgia, enfim todas as bandeiras que pugnavam pela soberania econômica nacional. Getúlio foi, de fato, uma liderança que me influenciou de forma definitiva pelo seu nacionalismo de resultados. "

· · ·

"Por que continuamos nacionalistas? Porque o país continua submetido a interesses internacionais. Veja-se o problema do trans-

porte. Nos Estados Unidos da mega-indústria automobilística, o transporte rodoviário representa apenas 25%. A Rússia construiu com sacrifício imenso uma ferrovia sobre o gelo, numa região inóspita. O Brasil fez o contrário: desativou toda a sua rede ferroviária, acabou com a navegação costeira, ficou totalmente entregue à indústria automobilística. Nas nossas reuniões de cunho nacionalista, tínhamos certas mágoas de Juscelino, porque fôra ele quem acelerara esse processo."

• • •

"O transporte rodoviário é o grande consumidor de combustível, poluidor do meio ambiente e é um transporte caríssimo. Nos Estados Unidos, é um transporte complementar."

• • •

"Não sou dos que apostam na globalização como salvação do mundo. Acredito na volta da soberania nacional, na volta de um estado capaz de proteger os interesses dos seus súditos. Isso vale sobretudo para o Brasil, país emergente, porque a relação entre países não é um ato de generosidade. "

• • •

"A Paraíba tinha 78 por cento da receita comprometidos com o pagamento de pessoal. Fui negociar com o ministro Malan e ele sugeriu um empréstimo para cobrir um programa de demissões voluntárias. Eu disse a ele: não vou fazer isso, ministro. É preciso não ter nenhuma sensibilidade social. O senhor não consegue oferecer uma alternativa de vida digna a um homem que passou a vida inteira sendo funcionário. O mundo dele é o serviço público. Ele não vai se tornar comerciante, biscateiro, o que for, porque ele não tem essa experiência. O que ele sabe ser é funcionário.

Eu vou arrecadar mais, não vou aumentar um real de imposto. Em seis meses, a receita cresceu 118 por cento e o comprometimento com a folha, que era de 78 por cento, caiu para 55 por cento. Podem se queixar de que José Maranhão não lhes tenha concedido um bom aumento, mas não se queixarão de que lhes tenha tirado o emprego."

• • •

"A gente pagava rigorosamente em dia e respeitava o servidor."

• • •

"Eu sempre tive um discurso só, falando ao povo ou nas audiências com os ministros. Fernando Henrique é que podia dizer "esqueçam o que eu disse e até o que escrevi." Isso não se faz, até porque ninguém vai esquecer o que diz um presidente da República."

• • •

"Não sei se a minha geração ainda vai assistir à volta do estado nacional e soberano. Mas todos os grandes estados, em qualquer tempo, são isto: nacionais e soberanos. Para alguns, isso é idéia de dromedário. Mas não é dromedário o historiador inglês Tony Judt, autor de um livro recente, o Pós-Guerra, que vê com sucesso a política econômica da União Européia, combinando "a soberania dos Estados ao poder de novas instituições transnacionais."

• • •

"Fui a Natal para a inauguração de obras de Garibaldi Alves. Estávamos correndo as obras quando a imprensa me assediou e perguntou: o sr. está construindo um canal de transposição de água na Paraíba, tirando água do rio Coremas. O sr. já pediu autorização ao governador Garibaldi? Eu respondi: sou muito amigo de Garibaldi, mas não existe essa relação de subordinação. Então o repórter voltou ao ataque: esse canal pode prejudicar o Rio G. do Norte. "Essa hipótese não existe – expliquei – mas se existisse, o governador Garibaldi é que deveria discutir esse assunto comigo, porque esse rio é da Paraíba, nós é que somos doadores de água ao Rio G. do Norte". E dei mais detalhes aos que não sabiam: "Essa hipótese não existe porque esse canal é uma tomada de água no Açude Coremas-Mãe Dàgua, o rio prossegue no seu leito natural sem trazer nenhum prejuízo nem para os outros usos da Paraíba, além da irrigação, nem para o Rio Grande do Norte."

Ouvindo isso, Garibaldi, bom político, intercedeu: "Se essa questão causasse algum prejuízo ao Rio G. do Norte eu, com o nível de amizade e de entendimento que tenho com o governador Maranhão, seria o primeiro a reclamar." E a imprensa acalmou-se."

• • •

"Investir na educação, sobretudo na educação profissionalizante, tecnológica, é a alternativa. Países que deram certo, no terceiro mundo, fizeram isto. Sem esse caminho, o único que nos possibilitará entrar na competição com os Estados Unidos, com a China, com a União Européia, com a Coréia, nós vamos ficar apenas como fornecedores.

Estamos aí, sorrindo, com o sucesso da soja, mas isso é uma coisa efêmera, produz aquele brilho e morre, a exemplo de nossa experiência com o cacau, o algodão, o sisal, a cana de açúcar."

• • •

"O maior produto do turismo paraibano é a cordialidade do seu povo. Pode haver um certo exagero nessa afirmação, porque não é só a cordialidade que faz da Paraíba um destino privilegiado para o turismo. Ao lado da paisagem litorânea, que recebeu no meu governo uma nova estrutura de estradas, ou da paisagem das grandes extensões sertanejas, grandiosa em seu exotismo, há uma mensagem cultural com a qual a Paraíba se destaca no país inteiro. É pena que não tenhamos feito disso ainda um produto turístico, como fez a Bahia com os seus valores culturais e humanos. O mundo de José Lins, de Augusto e de José Américo continua preso ao livro, à literatura, não foi transformado em roteiro turístico. E temos muitos outros valores na música, sobretudo na música, dada a vocação musical do nosso Estado, representada por Jackson, Sivuca, Zé Ramalho, Elba, ou por valores internacionais como José Siqueira. Basta um incentivo, como foi o caso da Orquestra Sinfônica, no tempo de Burity, convertida numa das melhores do Brasil, senão a melhor, sob a batuta de celebridades."

• • •

"O salto de qualidade do Brasil só será feito com a determinação nacional de não apenas universalizar, mas profissionalizar a educação. A Coréia, que era um pejorativo de vida periférica, encabeça hoje todas as citações sobre o exemplo de educação pós-moderna, porque elegeu sua educação como meta de salvação nacional. Precisamos qualificar as pessoas não só para lidar com o computador, mas para produzi-lo.

A indústria brasileira hoje, com exceção do setor metalúrgico, é uma imensa linha de montagem. Nós temos no Brasil, provando que isso é possível, ilhas de excelência como Campina Grande."

Ideologia do absurdo

CARLOS HEITOR CONY

Rio de Janeiro — *A imprensa que atua no eixo Rio-São Paulo não deu cobertura condizente à reunião dos governadores do Norte e Nordeste, realizada há pouco. Em linhas gerais, foi uma cobrança das infindáveis promessas de FHC na reunião anterior, no início deste segundo mandato.*

Desnecessário dizer que nenhuma das promessas presidenciais foi cumprida. Nem há sinais de que serão levadas a sério no próximo milênio.

O governador da Paraíba, que estranhamente se chama Maranhão, pronunciou um discurso naquela ocasião, do qual destaco um trecho que define aquilo que os bem-intencionados chamam de "pacto federativo":

"Não se pode pactuar em condições leoninas, nem muito menos construir uma Federação cadastrando Estados de primeira e de segunda classe, na conformidade do PIB que cada um tiver guardado no cofre."

José Maranhão define as relações entre a União e os Estados como a "ideologia do absurdo". Uma política que está criando a hegemonia dos Estados mais desenvolvidos. E responde indiretamente a FHC quando alega as dificuldades da Federação: "Todos sabem que não fomos nós que montamos esse desatinado festim do endividamento externo, essa ciranda infernal que escarmenta a vida dos mais pobres e mantém os miseráveis em regime de cativeiro."

O assunto merece um refresco de memória. Recém-empossado no segundo e suspeito mandato, FHC juntou os governadores (menos Itamar) e pintou um cenário edênico para cada um deles. Evidente que os governadores não acreditaram, abriram um crédito ao presidente e esperaram.

Esperaram sentados. Não somente as promessas não foram cumpridas como passaram a ser tratados como perdulários, incapazes.

A realidade é que o verdadeiro perdulário, o espalhafatoso incapaz está sentado no Planalto. Continua fingindo acreditar no que diz para depois dizer que nunca disse. Um dia a casa cai — e já cai tarde.

Registros

1 - Recebendo agricultores em Palácio.

2 - Com Antônio Houais, na época, Ministro da Cultura.

3 - Ao lado do Ministro dos Esportes, Edson Arantes do Nascimento (Pelé).

4 - Despachando com o Ministro Pedro Malan, acompanhado do Secretário das Finanças,José Soares Nuto.

5 - Em visita ao Palácio, estudantes se aproximam do Poder Estadual. Ao lado, a deputada Luísa Erundina.

6 - Recebendo o economista Celso Furtado, por ocasião de entrega do título de Dr. Honoris Causa da UFPB.

7 - Recebendo, do presidente Fernando Henrique Cardoso, providências para o Estado.

8 - D. José Maria Pires, na época Arcebispo da Paraíba, sempre procurou o governador para encaminhar reivindicações populares.

9 - No salão nobre do Palácio da Redenção, o reencontro dos antigos colegas do curso de Direito.

10 - Entregando o programa de governo ao teatrólogo Ednaldo do Egypto, por ocasião da campanha de sua reeleição ao governo. Ao lado, o presidente do IHGP, Dr. Hugo Guimarães.

11 - Cumprimentando Ariano Suassuna, quando da entrega do Prêmio Estadual de Cultura ao escritor de nome nacional.

12 - Ao lado do governador Miguel Arraes, o reencontro da antiga amizade.

5

9

6

10

7

11

8

12

13 - No palácio da Redenção, visita do governador do R. G. do Sul, Antônio Brito, acompanhado da Senhora Mabel Mariz e do Senador Pedro Simon.

14 - Entregando Título de Cidadão Paraibano a José Alencar, Vice-Presidente da República, e dirigente da Embratex, o maior complexo industrial da Paraíba.

15 - No palácio da Redenção, recebe o então Ministro da Cultura, Francisco Weffort, cidadão honorário da Paraíba.

16 - Abraçando Pedro Gondin. Antigos adversários políticos se transformaram em amigos fraternais.

17 - Recebendo de José Sarney os cumprimentos por ocasião da sua visita à Paraíba.

18 - Aplaudido pelo governador Garibaldi Alves, ao receber o diploma de sócio honorário do IHGRN.

19 - Em seu gabinete, recebendo a visita dos professores Marcos Trindade e José Loureiro Lopes, dirigentes da Unipê.

20 - Por ocasião da visita do jogador Júnior, do Flamengo, em homenagem da torcida paraibana ao atleta.

21 - Na igreja do Rosário, em João Pessoa, visitando as relíquias de Santo Antônio.

22 - Momento de descontração na Granja Santana, com a cantora Elba Ramalho.

23 - Ao lado da atriz Xuxa Meneguel, na inauguração do Jardim Botânico Benjamim Maranhão.

24 - Aplaudindo o ex-governador Tarcísio de Miranda Burity, quando este recebia o Prêmio Estadual de Cultura.

17

21

18

22

19

23

20

24

Índice Onomástico

Ilustrações

Maranhão deputado federal com Tancredo Neves - acervo da família.

Pág. 77 • Maranhão recebendo diploma de deputado federal pela 2ª vez. Fátima, Maranhão e Alicinha - acervo da família.

Pág. 78 • Maranhão com Ulisses Guimarães - acervo da família.

Pág. 79 • Velório de Mariz - jornal A União.

Págs. 80 • Maranhão discursando como vice-governador - acervo da família.

Págs. 82 e 83 • Maranhão com governadores - encontro em Belo Horizonte - acervo da família.

Pág. 84 • Maranhão discursando em Convenção Nacional do PMDB - acervo da família.

Pág. 85 • Convenção do PMDB estadual; Maranhão recebendo diploma de governador; Prestando juramento na Assembléia; Abraçando o Vice Roberto Paulino - acervo da família.

Pág. 86 e 87 • Barragem de Acauã - Foto Dirceu Tortorello.

Pág. 88 • Açude Mulungu - foto Dirceu Tortorello

Pág. 89 • Canal da Redenção - foto Dirceu Tortorello.

Pág. 90 • Projeto Cooperar - foto Dirceu Tortorello.

Pág. 91 • Colheita de frutos e exposição de animais - foto Cácio Murilo.

Pág. 92 • Projeto Cooperar - fotos Dirceu Tortorello e Cácio Murilo.

Pág. 93 • Fábrica de calçados - foto Dirceu Tortorello.

Pág. 94 • Vista aérea do Viaduto de Oitizeiro - João Pessoa - foto Cácio Murilo.

Pág. 95 • Duplicação BR-230 - foto Dirceu Tortorello

Pág. 96 • Vista aérea do Porto de Cabedelo - foto Dirceu Tortorello.

Pág. 97 • Navio no porto - foto Cácio Murilo.

Pág. 98 e 99 • Vista aérea do Hospital de Trauma Senador Humberto Lucena - foto Dirceu Tortorello.

Pág. 100 • Centro Profissionalizante de Araruna - foto Cácio Murilo.

Pág. 101 • Capas de publicações de restaurações, livros e revistas do Patrimônio Cultural e Artístico da Paraíba - acervo Chico Pereira.

Pág. 102 e 103 • Vista aérea do Ferryboat atravessando o rio Paraíba - livro O Abraço das Águas - Gov/PB.

Pág. 104 e 105 • Jardim Botânico Benjamim Maranhão - foto Cácio Murilo.

Pág. 106 • Programa Pão e Leite - acervo Evaldo Gonçalves;

Pág. 107 • Grupo folclórico e Feira Meio de Vida - acervo Wilma Maranhão.

Pág. 108 • Maranhão na tribuna do Senado - arquivo do senado.

Pág. 111 • Maranhão na tribuna do Senado - arquivo do senado.

Pág. 113 • Maranhão na presidência da Comissão de Orçamento - arquivo do senado.

Pág. 114 • Maranhão na campanha 2006 - arquivo Secom.

Pág. 117 • Luciano Cartaxo e Maranhão na campanha de 2006 - arquivo Secom.

Pág. 119 • Maranhão e Lula na campanha de 2006 - arquivo Secom.

Pág. 120 • Maranhão recebendo do Presidente Nilo Ramalho o diploma de Governador - arquivo Secom.

Pág. 125 • Desembargadora Fátima colocando a faixa no Governador Maranhão - arquivo Secom.

Pág. 126 • Maranhão e Dona Yayá - acervo da família.

Pág. 128 • Residência do Parque Solon de Lucena - João Pessoa - acervo da família.

Pág. 129 • Fátima e Maranhão - foto Cácio Murilo.

Pág. 130 • Maranhão com as famílias das irmãs Wilma e Carmésia - acervo da família.

Pág. 131 • Maranhão ladeado por celebrantes do culto ecumênico - acervo da família.

Pág. 132 e 133 • Casa da fazenda em Cacimba de Dentro - foto Cácio Murilo; Maranhão e Leo - acervo da família.

Pág. 134 • Maranhão na Granja Santana, quando governador - acervo da família.

Pág. 135 • Familia reunida - foto Cácio Murilo.

Pág. 136 • Maranhão - foto Cácio Murilo.

Pág. 139 • Reunião de governadores do Nordeste com Fernando Henrique Cardoso - acervo da família.

Bibliografia

• Anais da Assembléia do Estado da Paraíba, de 1954 a 1969
• Antônio Mariz – A trajetória de um idealista – Fátima Araújo
• O Cruzeiro – José Américo
• Eu e Eles – José Américo de Almeida
• A União – Artigos – José Octávio de Arruda Mello
• Notas para a História da Paraíba – Irineu Pinto
• Aos trancos e barrancos – Como o Brasil deu no que deu – Darcy Ribeiro
• Conferências – Hermes Lima
• O Petróleo é Nosso – Gondim da Fonseca
• Perfis Parlamentares – Evaldo Gonçalves de Queiroz
• Argemiro de Figueiredo – Discursos – Senado Federal
• O Salão dos Passos Perdidos – Evandro Lins e Silva
• A fantasia desfeita – Celso Furtado
• Uma política para o Nordeste – Celso Furtado
• Revista Civilização Brasileira – 1967, 1968, 1970
• Jornais e periódicos – IHGP/Instituto Histórico e Geográfico da Paraíba

Este livro foi composto nas fontes Arno Pro, Swiss 721 Cn BT
e GeoSlab703 Md BT. Capa em cartão supremo 300g/m², aplicação
de laminação fosca, verniz UV e Hot Stamping. Miolo impresso
em papel couchê 115g/m² e com 148 páginas.
Impresso no parque gráfico da Gráfica JB Ltda.,
João Pessoa - PB, em dezembro de 2009.